晴れ晴れ
中国語

監修者：王学群

著　者：綾部武彦　小路口ゆみ
　　　　劉心苗

朝日出版社

音声ダウンロード

 音声再生アプリ「リスニング・トレーナー」新登場（無料）

朝日出版社開発のアプリ、「リスニング・トレーナー（リストレ）」を使えば、教科書の
音声をスマホ、タブレットに簡単にダウンロードできます。どうぞご活用ください。

まずは「リストレ」アプリをダウンロード

▶ App Store はこちら　　　▶ Google Play はこちら

アプリ【リスニング・トレーナー】の使い方

❶ アプリを開き、「コンテンツを追加」をタップ

❷ QRコードをカメラで読み込む

❸ QRコードが読み取れない場合は、画面上部に 45385 を入力し「Done」をタップします

QRコードは㈱デンソーウェーブの登録商標です

Webストリーミング音声

https://text.asahipress.com/free/ch/harebare

はじめに

　本書は、中国語を初めて学ぶ人を対象としたテキストです。一年間の学習期間で「聞く」「話す」「読む」「書く」の中国語四技能が身につくように、初学者でも実践しやすく、効果的な練習問題をふんだんに用意しております。先生方には授業で練習材料として積極的に利用していただき、学習者によくある「練習不足」問題を解消するのが大きな特徴です。

　本書は、以下のような構成になっています。

① 発音編

　中国語の発音の基礎を重点的にまとめ、ピンインや四声のほかに教室でよく使われる表現や挨拶表現も同時に学んでいきます。

② 会話編

＊到達目標

　はじめに到達目標を設定し、「本文」→「学習ポイント」→「総合練習」の学習ステップで目標達成を目指します。

＊本文

　大学のキャンパス内外において発生する日本人学生と中国人留学生によるさまざまなシーンを取り上げ、日常生活で常用される平易な話し言葉による会話を展開しています。また、本書の特徴の一つですが、本文の右側に日本語訳のスペースを設けました。まず中国語から日本語への翻訳練習を行い、その後は反対に日本語訳を見て中国語へと翻訳する練習を繰り返すことができます。これにより、反射的に中国語が口をついて出るような実践的な会話力を養っていきましょう。

＊新出語句

　「本文」の中で出てきた語句です。日本語訳はここに挙げた意味だけであるとは限りません。ぜひ辞書で意味と用法を確認してみてください。

＊学習ポイント

　中国語の基本文法項目を厳選しました。難解な文法用語をできるだけ避け、文法・基本文型が定着するための用例と練習問題を設けています。

＊ 総合練習

　本文と学習ポイントに基づいたリスニング、ディクテーション、会話、翻訳など
の練習問題を多く掲載し、徹底した反復練習によって確実なスキル習得を目指し
ています。また、問題の形式は中国語検定試験とHSKの出題形式を使用している
ので、検定の出題形式にも慣れていきましょう。

＊ 補充語句

　「学習ポイント」や「総合練習」で出てくる単語を紹介する補充語句のスペース
を設けています。自分の伝えたい内容を自由に表現することができるよう、可能な
限り多くの語句を覚えましょう。

③ 付録

　各課の終わりに四コマ漫画や中国文化に関するコラムを用意しました。日本人学習者
に馴染みのある故事成語や中国文化などに触れることによって、一層楽しく中国語学習
をしていただけます。また、最後の2つの課には中国語検定試験準4級の模擬試験問題
を収録しておりますので、力試しとしてチャレンジしてみてください。

　本書は、「中国語を話せるようになりたい」という学習者の気持ちに寄り添い、実践
に近い反復練習によって確実な中国語力を身に着けていただくことを目指しています。
また、このテキストの練習問題は中国語検定試験とHSKの出題形式にも対応している
ので、試験対策にも役立ちます。

　本書の出版に際しては、榎本英雄先生から多くの貴重なご意見やアドバイスをいただ
きました。編集にあたって、朝日出版社の中西陸夫氏と新美朱理氏には大変ご尽力い
ただきました。この場を借りて心より深い感謝の意を申し上げます。

著者一同

目次

発音編

1 声調

🔊 01

| 第1声
ā | 第2声
á | 第3声
ǎ | 第4声
à |

5（高）
4（中—高）
3（中）
2（低—中）
1（低）

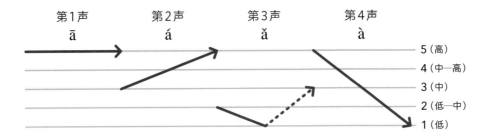

中国語の音節 ＝ 子音 ＋ 母音 ＋ 声調（原則として漢字1字が1音節）

| hǎo
好 | h
子音 | ǎo
母音 ← 声調 |

練習1 発音を練習しなさい。　🔊 02

1　á ǎ ā à　　2　ā ǎ à á

3　ā à á ǎ　　4　ǎ à ā á

練習2 音声を聞いてピンインの上に声調符号をつけなさい。　🔊 03

1　a　　2　a　　3　a　　4　a

2 単母音

🔊 04

a　o　e　i　u　ü　er

　　　(yi)　(wu)　(yu)　※（　）内は前に子音がつかない時の表記

a　「ア」より口を大きく開けて発音する。

o　「オ」より唇を丸くして発音する。

e　「エ」を発音するときの唇の形で、のどの奥から「オ」を発音する。

i　「イ」より唇を左右にひいて発音する。

u　「ウ」より唇を丸く突き出して発音する。

ü　単母音uを発音するときの唇の形で「イ」を発音する。

er　単母音eを発音しながら舌先をそり上げる。

練習3 発音を練習しなさい。　🔊 05

à　wǔ　é　yī　ě　yǔ　wú　ǒ　èr

練習4 音声を聞いてピンインの上に声調符号をつけなさい。　🔊 06

1 o (哦)　　2 yu (雨)　　3 e (饿)　　4 wu (五)

5 a (啊)　　6 yi (一)　　7 er (儿)　　8 yu (玉)

🐱 声調符号の付け方Ⅰ

❶ 声調符号は母音の上につける。

❷ i の上に声調符号を付けるときは ī í ǐ ì とする。

❸ wu, yu に声調符号をつけるときは u の上に、er のときは e の上につける。

3 子音　🔊 07

子音一覧表

	無気音	有気音		
唇音（しんおん）	b (o)	p (o)	m (o)	f (o)
舌尖音（ぜっせんおん）	d (e)	t (e)	n (e)	l (e)
舌根音（ぜっこんおん）	g (e)	k (e)	h (e)	
舌面音（ぜつめんおん）	j (i)	q (i)	x (i)	
そり舌音（そりじたおん）	zh (i)	ch (i)	sh (i)	r (i)
舌歯音（ぜっしおん）	z (i)	c (i)	s (i)	

無気音：息をそっと出しながら発音する。

有気音：息を強く吐き出しながら発音する。

練習5 発音を練習しなさい。　🔊 08

mō　lè　kū　gè　zhì　cǔ　sú　xú　jì

練習6 音声を聞いて読まれた方に○をつけなさい。　🔊 09

| 1 | rì | lì | 2 | zhī | jī | 3 | shì | xì |
| 4 | sī | xī | 5 | sè | sà | 6 | qī | chī |

😺 ● **ピンインつづりのルールⅠ**

j, q, x の後ろにü が続くときは、üはuに変わる。

例：jü ➡ ju　　qüe ➡ que　　xüan ➡ xuan

---

4 複合母音

二重母音 **＞型** 前の母音をやや強く発音する。　🔊 10

ai　　　ei　　　　ao　　　　ou

二重母音 **＜型** 後の母音をやや強く発音する。　🔊 11

ia　　　ie　　　ua　　　uo　　　üe
(ya)　　(ye)　　(wa)　　(wo)　　(yue)

三重母音 **＜＞型** 真ん中の母音をやや強く発音する。　🔊 12

iao　　　iou　　　uai　　　uei
(yao)　　(you)　　(wai)　　(wei)

練習7 発音を練習しなさい。　🔊 13

gǒu　　liú　　lèi　　liáo　　mǎi　　huā　　jué　　guì

練習8 音声を聞いてピンインの上に声調符号をつけなさい。　🔊 14

| 1 | gei (给) | 2 | tui (推) | 3 | bao (宝) | 4 | fei (飞) |
| 5 | xie (鞋) | 6 | hei (黑) | 7 | liao (料) | 8 | jiu (九) |

練習9 音声を聞いて読まれたほうに○をつけなさい。　🔊 15

1	zǔ	zǐ	2	yè	yuè	3	zé	cuó
4	hē	hā	5	sè	sà	6	lè	lèi
7	hēi	huī	8	wō	ōu

 ✏ **ピンインつづりのルール Ⅱ**

子音 + uei ➡ 子音 + ui　　　例：g + uei ➡ gui

子音 + iou ➡ 子音 + iu　　　例：l + iou ➡ liu

 ✏ **声調符号の付け方 Ⅱ**

声調符号を付けるとき、❶ a があれば、a に。

❷ a がなければ、e か o に。

❸ iu と ui の場合は後ろの方に。

---

5 **鼻母音**（−n, −ng を伴う母音）　🔊 16

前鼻母音−n

an	en	ian	in	uan	uen	üan	ün
		(yan)	(yin)	(wan)	(wen)	(yuan)	(yun)

 ✏ **ピンインつづりのルール Ⅲ**

子音 + uen ➡ 子音 + un　　　例：l + uen ➡ lun

後鼻母音−ng　🔊 17

ang	eng	iang	ing	uang	ueng	iong	ong
		(yang)	(ying)	(wang)	(weng)	(yong)	

練習10 発音を練習しなさい。　🔊 18

yǒng　　pén　　yún　　pēng　　lìn　　mǎn　　huàn　　gāng

練習11 音声を聞いて母音と声調符号を（　）に書きなさい。　🔊 19

❶ g（　　　）干　　❷ y（　　　）音　　❸ q（　　　）钱

❹ m（　　　）忙　　❺ h（　　　）很　　❻ m（　　　）慢

❼ q（　　　）强　　❽ k（　　　）困　　❾ y（　　　）英

練習12 音声を聞いて読まれたほうに〇をつけなさい。　🔊 20

❶ wán　　wáng　　❷ yīn　　yīng　　❸ huán　　huáng

❹ wēn　　wēng　　❺ yūn　　yuān　　❻ liàn　　liàng

	第1声	第2声	第3声	第4声	軽声
第1声	❶ 今天 jīntiān	❷ 中国 Zhōngguó	❸ 开始 kāishǐ	❹ 医院 yīyuàn	❺ 休息 xiūxi
第2声	❻ 明天 míngtiān	❼ 邮局 yóujú	❽ 苹果 píngguǒ	❾ 学校 xuéxiào	❿ 学生 xuésheng
第3声	⓫ 老师 lǎoshī	⓬ 每年 měinián	⓭ 语法 yǔfǎ	⓮ 好看 hǎokàn	⓯ 姐姐 jiějie
第4声	⓰ 电车 diànchē	⓱ 大学 dàxué	⓲ 汉语 Hànyǔ	⓳ 再见 zàijiàn	⓴ 弟弟 dìdi

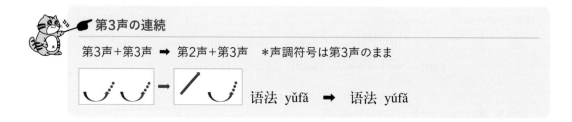

🐾 第3声の連続

第3声＋第3声 ➡ 第2声＋第3声　＊声調符号は第3声のまま

语法 yǔfǎ ➡ 语法 yúfǎ

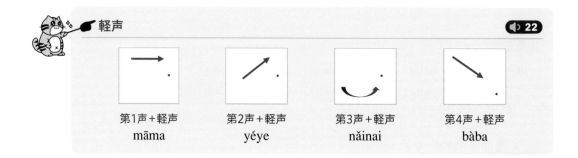

🐾 軽声　● 22

第1声＋軽声　　第2声＋軽声　　第3声＋軽声　　第4声＋軽声
māma　　　　yéye　　　　nǎinai　　　　bàba

練習14 軽声の練習　● 23

1 桌子　　2 麻烦　　3 我 的　　4 漂亮
zhuōzi　　máfan　　wǒ de　　piàoliang

発音

1
2
3
4
5
6
7
8
9
10
11
12

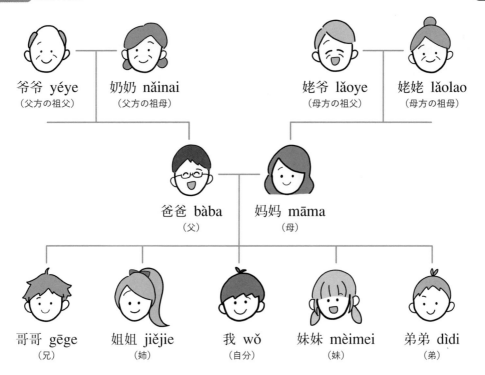

爷爷 yéye	奶奶 nǎinai	姥爷 lǎoye	姥姥 lǎolao
（父方の祖父）	（父方の祖母）	（母方の祖父）	（母方の祖母）

爸爸 bàba （父）　　妈妈 māma （母）

哥哥 gēge	姐姐 jiějie	我 wǒ	妹妹 mèimei	弟弟 dìdi
（兄）	（姉）	（自分）	（妹）	（弟）

6 よく使う表現 🔊 25

你 好!	こんにちは。		
Nǐ hǎo!			
早上 好!	おはようございます。		
Zǎoshang hǎo!			
晚上 好!	こんばんは。		
Wǎnshang hǎo!			
谢谢!	ありがとう。	不 客气! ／不 谢!	どういたしまして。
Xièxie!		Bú kèqi! ／ Bú xiè!	
对不起!	すみません。	没 关系!	かまいません。
Duìbuqǐ!		Méi guānxi!	
晚安。	おやすみなさい。		
Wǎn'ān.			
再见!	さようなら。		
Zàijiàn!			
好久 不见。	お久しぶりです。		
Hǎojiǔ bújiàn.			

老师 好!
Lǎoshī hǎo!　　　　　　　　先生、こんにちは!

你们 好!
Nǐmen hǎo!　　　　　　　　皆さん、こんにちは!

现在 开始 上课。
Xiànzài kāishǐ shàngkè.　　　今から授業を始めます。

请 你 读(听、写、等)一下。　　読んで(聞いて、書いて、待って)ください。
Qǐng nǐ dú (tīng xiě děng) yíxià.

请 跟 我 读。
Qǐng gēn wǒ dú.　　　　　　私に続いて読んでください。

请 再 读 一遍。
Qǐng zài dú yíbiàn.　　　　もう一度読んでください。

请 翻译 一下。
Qǐng fānyì yíxià.　　　　　訳してください。

让 您 久等 了。
Ràng nín jiǔděng le.　　　　お待たせしました。

有 什么 问题 吗
Yǒu shénme wèntí ma?　　　質問はありますか?

有。／没有。
Yǒu. ／ Méiyǒu.　　　　　　あります。／ありません。

明白 了 吗?
Míngbai le ma?　　　　　　わかりましたか?

明白 了。／不 明白。　　　　わかりました。／わかりません。
Míngbai le.　／ Bù míngbai.

今天 就 到 这儿。
Jīntiān jiù dào zhèr.　　　　今日はここまでです。

辛苦 了。
Xīnkǔ le.　　　　　　　　　お疲れさまです。

复习 ／ 预习
fùxí ／ yùxí　　　　　　　　復習する／予習する

下课!
Xiàkè!　　　　　　　　　　授業を終わります。

🔊 27

零	一	二	三	四	五	六	七	八	九	十
líng	yī	èr	sān	sì	wǔ	liù	qī	bā	jiǔ	shí

十一	十二	十五	……	二十	三十	四十
shíyī	shí'èr	shíwǔ		èrshí	sānshí	sìshí

四十五	五十六	七十八	……	九十	一百
sìshiwǔ	wǔshiliù	qīshibā		jiǔshí	yìbǎi

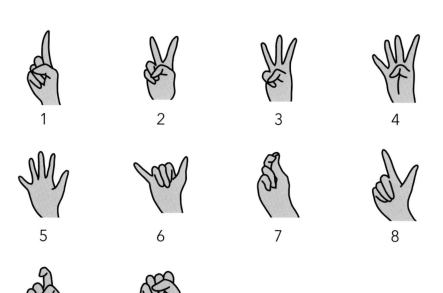

1	2	3	4

5	6	7	8

9	10

発音

1
2
3
4
5
6
7
8
9
10
11
12

| 発音総合練習 |

1 子音に注意して発音しなさい。　🔊 28

1 bāo　pāo　　2 kū　gū　　3 zē　cē　　4 jǐ　qǐ

5 sū　shū　　6 xiǎo　shǎo　　7 zhǐ　jǐ　　8 lì　rì

2 音声を聞いて（　）に子音を書きなさい。　🔊 29

1 (　)uō　　2 (　)āi　　3 (　)ǔ　　4 (　)uē

5 (　)ǎo　　6 (　)ǐ　　7 (　)uì　　8 (　)ǎo

3 母音に注意して発音しなさい。　🔊 30

1 yān　yāng　　2 mén　méng　　3 yīn　yīng　　4 qián　qiáng

5 jīn　jūn　　6 nǐ　nǚ　　7 sè　sì　sù　　8 yē　yuē

4 音声を聞いて母音と声調符号を（　）に書きなさい。　🔊 31

1 y(　)　　2 m(　)　　3 y(　)　　4 q(　)

5 j(　)　　6 n(　)　　7 s(　)　　8 y(　)

5 次のピンインを発音しなさい。　🔊 32

1 fēi　huī　　2 jiā　zhā　　3 xiǎo　qiǎo　　4 xǐ　shǐ

5 qià　chà　　6 cōng　kōng　　7 fā　huā　　8 dōu　tuō

6 音声を聞いてピンインを書きなさい。　🔊 33

1　　2　　3　　4

5　　6　　7　　8

❶ "不"の声調変化 ※第一課参照

"不"の後に第4声の音節が続くと、"不"は第2声に変わる。

不听　bù tīng
不来　bù lái
不买　bù mǎi
不去　bù qù ➡ **bú** qù

❷ "一"の声調変化 ※第三課参照

① "一"の後に第1声、第2声、第3声の音節が続くと、"一"は第4声に変わる。

		第1声			第1声	一天 yìtiān
一 yī	＋	第2声	➡ 一 **yì**	＋	第2声	一年 yìnián
		第3声			第3声	一起 yìqǐ

② "一"の後に第4声が続くと、"一"は第2声に変わる。

一 yī　＋　第4声 ➡ 一 **yí** ＋ 第4声　一万 yíwàn

③ 日付や序数などを表すときは、"一"は第1声のまま変化しない。

一月一号 yī yuè yī hào　　第一课 dì yī kè

❸ r化音 ※第三課参照

音節の末尾に舌をそり上げて発音する「r」をつけることがある。漢字では"儿"で表記する。

花 ➡ 花儿　　　一点 ➡ 一点儿　　　有空 ➡ 有空儿
huā　　huār　　yìdiǎn　　yìdiǎnr　　yǒukòng　　yǒukòngr

❹ 隔音符号「'」

2音節目以降が "a , o , e" で始まる場合、音節の切れ目をはっきり示すために隔音符号「'」をつける。

Xī'ān 西安（xiān 先）　　　　pí'ǎo 皮袄（piào 票）

第 1 课
Dì yī kè

你好!
Nǐ hǎo!

到達目標
① あいさつする
② 自分の身分・出身地などを言う、相手に尋ねる

発音

🔊 34

日本語訳を書きましょう

张 : 你 好!
Nǐ hǎo!

_____

田中: 你 好!
Nǐ hǎo!

_____

张 : 你 是 留学生 吗?
Nǐ shì liúxuéshēng ma?

_____

田中: 我 不 是 留学生。
Wǒ bú shì liúxuéshēng.

_____

张 : 你 是 中国人 吗?
Nǐ shì Zhōngguórén ma?

_____

田中: 我 是 日本人, 请 多 关照。
Wǒ shì Rìběnrén, qǐng duō guānzhào.

_____

生词 shēngcí 🔊 35

1 你 nǐ 代 あなた
2 好 hǎo 形 よい
3 你好 nǐ hǎo こんにちは
4 是 shì 動 (〜は)〜です
5 留学生 liúxuéshēng 名 留学生
6 吗 ma 助 〜か(疑問)
7 我 wǒ 代 わたし
8 不 bù 副 〜(では)ない、〜しない

9 中国人 Zhōngguórén 名 中国人
10 日本人 Rìběnrén 名 日本人
11 请 qǐng 動 〜してください(お願いする)
12 多 duō 形 多い
13 关照 guānzhào 動 面倒をみる
14 请多关照 qǐng duō guānzhào よろしくお願いします。
15 张 Zhāng 名 張
16 田中 Tiánzhōng 名 田中

学習ポイント

1 人称代名詞

🔊 36

	単数	複数
一人称	我 わたし wǒ	我们 咱们 わたしたち wǒmen zánmen
二人称	你 あなた nǐ 您 あなた nín	你们 あなたたち nǐmen ※"您们"とは言わない。
三人称	他 彼 tā 她 彼女 tā 它 それ tā	他们 彼ら tāmen 她们 彼女たち tāmen 它们 それら tāmen

2 "是"構文

🔊 37

A + "是" + B　　　AはBである

我	是	老师。
Wǒ	shì	lǎoshī.

他们	是	学生。
Tāmen	shì	xuésheng.

你	是	学生	吗?
Nǐ	shì	xuésheng	ma?

老师 lǎoshī 先生
学生 xuésheng 学生

練習 絵を見て、日本語を中国語に訳しなさい。

医生
yīshēng

大学生
dàxuéshēng

医生 yīshēng 医者
大学生 dàxuéshēng
大学生

1 彼女は医者です。 _____

2 彼らは大学生です。 _____

3 "吗"を用いる疑問文

3 "吗"を用いる疑問文 🔊 38

"吗"を文末につけ、聞き手に「はい、いいえ」の答えを求める

你　　是　　日本人　　吗?
Nǐ　　shì　　Rìběnrén　　ma?

他们　是　　留学生　　吗?
Tāmen　shì　liúxuéshēng　ma?

練習 絵を見て、日本語を中国語に訳しなさい。

美国人
Měiguórén

韩国人
Hánguórén

美国人 Měiguórén
アメリカ人
韩国人 Hánguórén
韓国人

1 彼はアメリカ人ですか? _____

2 彼女は韓国人ですか? _____

4 副詞 "不" 🔊 39

"不"+動詞　　～ではない、～しない

我　　不　　是　　医生。
Wǒ　　bú　　shì　　yīshēng.

他们　不　　是　　中国人。
Tāmen　bú　　shì　　Zhōngguórén.

練習 日本語の意味になるように単語を並べ替えなさい。

1 老师　她　是　不 （彼女は先生ではありません。）

_____

2 他　是　不　日本人 （彼は日本人ではありません。）

_____

総合練習

1 次の日本語の意味に最も合う中国語を①〜④の中から一つ選びなさい。 🔊 40

1 医者 　　　　　　　　① 　　② 　　③ 　　④

2 よろしくお願いします 　① 　　② 　　③ 　　④

3 留学生 　　　　　　　① 　　② 　　③ 　　④

2 音声を聞いて、下線部に中国語を書きなさい。 🔊 41

A：你好!

B：你好!

A：你 _____ 留学生吗?

B：我 _____ _____ 留学生。

A：你是中国人 _____ ?

B：我是日本人，_____ _____ _____ 。

3 日本語の意味になるように単語を並べ替えなさい。

1 我们　留学生　是　不 （私たちは留学生ではありません。）

_____

2 吗　她　医生　是 （彼女は医者ですか?）

_____

4 右の語群を使い、下線部を入れ換えてクラスメイトと会話練習をしなさい。

A：你 是 <u>学生</u> 吗?
　　Nǐ shì xuésheng ma?

B：我 是 <u>学生</u> 。
　　Wǒ shì xuésheng.

否定 我 不 是 <u>学生</u> 。
　　　 Wǒ bú shì xuésheng.

中国人	日本人
医生	公司职员

公司职员
gōngsī zhíyuán　会社員

5 次の日本語を中国語に訳しなさい。

1 よろしくお願いします。

_____

2 私は日本人です。

_____

3 彼女は留学生です。

_____

6 下の語群から（　　）に入る適切な語句を選び、日本語に訳しなさい。

是　　不　　吗　　请

1 你是留学生(　　　　)？

2 (　　　　)多关照。

3 我(　　　　)是中国人。

4 我(　　　　)学生。

故事成語 1

有朋自远方来，不亦乐乎。《论语》
Yǒu péng zì yuǎnfāng lái, bú yì lè hū. Lúnyǔ

朋あり、遠方より来たる、また楽しからずや。『論語』

友達が遠くから訪ねてきてくれるのは、いかにも楽しいことです。

❶ 小猫：老师，您 在 忙 什么？ （先生、お忙しそうですね。）
　　Xiǎomāo Lǎoshī, nín zài máng shénme?

❷ 孔子：老 朋友 明天 来 看 我，我 要 准备 准备。
　　Kǒngzǐ Lǎo péngyǒu míngtiān lái kàn wǒ, wǒ yào zhǔnbèi zhǔnbèi.
　　（古い友達が明日会いに来るので、おもてなしの準備をしているのです。）

❸ 小猫：您 辛苦 了! （お疲れ様です。）
　　Nín xīnkǔ le!

　　孔子：哪里 哪里! 有 朋 自 远方 来，不 亦 乐 乎。
　　　　　Nǎlǐ nǎli! Yǒu péng zì yuǎnfāng lái, bú yì lè hū.
　　　　　（いやいや、友達が遠くから訪ねてきてくれるのは、いかにも楽しいことですよ。）

❹ 孔子：你 好! （こんにちは！）
　　Nǐ hǎo!

　　朋友：好 久 不 见! （お久しぶり！）
　　péngyǒu Hǎo jiǔ bù jiàn!

　　小猫：看 起来 真 的 很 高兴 啊! （ほんとうに楽しそうですね。）
　　　　　Kàn qǐlai zhēn de hěn gāoxìng a!

第 2 课

Dì èr kè

你叫什么名字?

Nǐ jiào shénme míngzi?

到達目標
① 名前を言う、尋ねる
② 大学での所属・専攻を言う

発音

1

2

3

4

5

6

7

8

9

10

11

12

🔊 42

日本語訳を書きましょう

张 ：你 叫 什么 名字?
Nǐ jiào shénme míngzi?

_____

田中：我 叫 田中 达也。
Wǒ jiào Tiánzhōng Dáyě.

_____

张 ：我 姓 张，叫 张 静初。
Wǒ xìng Zhāng, jiào Zhāng Jìngchū.

_____

田中：我 是 经济系 的 学生。
Wǒ shì jīngjìxì de xuésheng.

_____

张 ：我 也 是 经济系 的。
Wǒ yě shì jīngjìxì de.

_____

田中：我们 都 是 经济系 的。
Wǒmen dōu shì jīngjìxì de.

_____

认识 你 很 高兴。
Rènshi nǐ hěn gāoxìng.

_____

 生词 shēngcí

🔊 43

[1] 叫 jiào 動 ～という、呼ぶ

[2] 什么 shénme 代 何、何の

[3] 名字 míngzi 名 名前

[4] 达也 Dáyě 名 達也(人名)

[5] 姓 xìng 動 苗字は～です、～を姓とする

[6] 静初 Jìngchū 名 静初(人名)

[7] 经济 jīngjì 名 経済

[8] 系 xì 名 学部

[9] 的 de 助 の

[10] 学生 xuésheng 名 学生

[11] 也 yě 副 も

[12] 都 dōu 副 すべて、みな

[13] 认识 rènshi 動 知り合う

[14] 很 hěn 副 とても

[15] 高兴 gāoxìng 形 うれしい

学習ポイント

1 動詞述語文

🔊 44

主語 ＋ 述語（動詞） （＋目的語）

她	姓	张。
Tā	xìng	Zhāng.

我	叫	田中 达也。
Wǒ	jiào	Tiánzhōng Dáyě.

我们	去	经济系。
Wǒmen	qù	jīngjìxì.

我	是	大学生。
Wǒ	shì	dàxuéshēng.

去 qù 行く

練習 日本語を中国語に訳しなさい。

1 私は張静初といいます。 _____

2 彼は経済学部に行きます。 _____

2 疑問詞疑問文

🔊 45

何／何の	だれ	いくつ		どこ		どれ／どの	
什么	谁	几	多少	哪儿	哪里	哪	哪个
shénme	shuí (shéi)	jǐ	duōshao	nǎr	nǎli	nǎ	nǎge (něige)

※尋ねたい箇所を疑問詞に置き換える。

1 A：你 叫 <u>什么</u> 名字?
　　Nǐ jiào shénme míngzi?
B：我 叫 田中 达也。
　　Wǒ jiào Tiánzhōng Dáyě.

2 A：他 是 <u>谁</u>?
　　Tā shì shuí?
B：他 是 老师。
　　Tā shì lǎoshī.

3 A：你 去 <u>几</u> 天?
　　Nǐ qù jǐ tiān?
B：我 去 三 天。
　　Wǒ qù sān tiān.

4 A：你 去 <u>哪儿</u>?
　　Nǐ qù nǎr?
B：我 去 食堂。
　　Wǒ qù shítáng.

天 tiān ～日
食堂 shítáng 食堂

3 助詞 "的" ① ◀） 46

"～的" ＋名詞　　～の＋名詞

我　　 的　 书　　　　　　　　　　　　　　书 shū　本
wǒ　　de　　shū

经济系　 的　 学生
jīngjìxì　de　xuésheng

※ 人称代名詞＋親族名称・友人関係・所属先（学校・会社・団体）などの場合、
　"的" は一般的に省略される。

我　 妈妈　　　　　　 我　　 朋友　　　　　　妈妈 māma　母
wǒ　māma　　　　　 wǒ　péngyou　　　　　朋友 péngyou　友達
　　　　　　　　　　　　　　　　　　　　　　学校 xuéxiào　学校
我们　 老师　　　　　 我们　 学校
wǒmen　lǎoshī　　　　wǒmen　xuéxiào

練習 次の日本語を中国語に訳しなさい。

1 私たちの先生は中国人です。　＿＿＿＿＿＿＿＿＿＿＿＿

2 彼らは経済学部の学生です。　＿＿＿＿＿＿＿＿＿＿＿＿

4 副詞 "也""都"　　"也"～も、"都"みな／すべて ◀） 47

"也／都" ＋ 動詞／形容詞

我　 也　　　 很　 高兴。
Wǒ　yě　　　 hěn　gāoxìng.

我们　 都　　　 是　 经济系　 的　 学生。
Wǒmen　dōu　　shì　jīngjìxì　de　xuésheng.

我们　 也　 都　 是　 留学生。
Wǒmen　yě　dōu　shì　liúxuéshēng.

練習 日本語の意味になるように下線部に "也""都" を入れなさい。

1 あなたも留学生ですか？　　　　 你 ＿＿＿＿＿ 是留学生吗?

2 彼らはみな経済学部です。　　　　 他们 ＿＿＿＿＿ 是经济系的。

3 私も（姓を）張といいます。　　　 我 ＿＿＿＿＿ 姓张。

4 私たちはみなうれしいです。　　　 我们 ＿＿＿＿＿ 很高兴。

5 私たちもみな学生です。　　　　　 我们 ＿＿＿＿＿ ＿＿＿＿＿ 是学生。

1 次の日本語の意味に最も合う中国語を①〜④の中から一つ選びなさい。　🔊 48

1 知り合う　　①　　　　②　　　　③　　　　④

2 うれしい　　①　　　　②　　　　③　　　　④

3 学生　　　　①　　　　②　　　　③　　　　④

2 音声を聞いて、下線部に中国語を書きなさい。　🔊 49

A：你叫 _____ 名字?

B：我 _____ 田中达也。

A：我 _____ 张，_____ 张静初。

B：我是经济系的 _____ 。

A：我 _____ _____ 经济系的。

B：我们 _____ _____ 经济系的。 _____ 你很 _____ 。

3 日本語の意味になるように単語を並べ替えなさい。

1 是　留学生　都　我们 （私たちはみな留学生です。）

_____

2 老师　也　她　是 （彼女も先生です。）

_____

4 右の語群を使い、下線部を入れ換えてクラスメイトと会話練習をしなさい。

A：你 叫 什么 名字？
　　Nǐ jiào shénme míngzi?

B：我 姓 田中 ， 叫 田中 达也 。
　　Wǒ xìng Tiánzhōng, jiào Tiánzhōng Dáyě.

A：你 是 经济系 的 学生 吗？
　　Nǐ shì jīngjìxì de xuésheng ma?

B：我 是／不是 经济系 的 学生 。
　　Wǒ shì / búshì jīngjìxì de xuésheng.

自分の名前
自分の学部

文学系 wénxuéxì
文学部
法律系 fǎlǜxì
法学部
商学系 shāngxuéxì
商学部

5 次の日本語を中国語に訳しなさい。

1 お名前は何といいますか？

_____

2 私は田中達也といいます。

_____

3 お会いできてうれしいです。

_____

6 下の語群から（　　）に入る適切な語句を選び、日本語に訳しなさい。

都　　认识　　叫　　姓　　高兴

1 认识你很（　　　　）。

2 我（　　　　）张，你姓什么？

3 他们（　　　　）是公司职员。

4 你（　　　　）他吗？

5 她（　　　　）什么名字？

閑話休題 1　中国の"姓"（苗字）

中国の苗字は"姓"と言い、「単姓」と呼ばれる漢字一文字の苗字が多数を占めています。また「複姓」と呼ばれる漢字二文字以上の苗字もあります。

中国公安部戸政管理研究中心の統計によると、中国では人口に占める割合の多い苗字の1位は"王"（王）、2位は"李"（李）、Wáng　Lǐ
3位は"张"（張）、4位は"刘"（劉）、5位は"陈"（陳）でした。また、「王」、「李」、「張」、Zhāng　Liú　Chén
「劉」、「陳」という5つの苗字を持つ人の合計は約4億人であり、中国人口の約三分の一を占めています。その中でも「王」、「李」、「張」は長年トップ3の座にあるため、「三大姓」と呼ばれています。

中国の苗字の数について定説はありませんが、現在使われている苗字の数は約6,000種類あると言われています。なお、日本の苗字の数は約30万種類あると言われており、中国に比べて人口の少ない日本の方が苗字の数が多いということは興味深いですね。

また、中国では原則として「夫婦別姓」です。男女平等の原則に基づいて1950年に「婚姻法」が定められ、結婚した夫婦はその後も引き続き自分の姓を使用する権利を持つと規定されました。

第 3 课　你想吃什么？

Dì sān kè　　Nǐ xiǎng chī shénme?

到達目標　レストランで食べたいものを尋ねる、言う

🔊 50

日本語訳を書きましょう

田中：你 想 吃 什么？
　　　Nǐ xiǎng chī shénme?

_____

张 ：我 要 吃 麻婆 豆腐。
　　　Wǒ yào chī mápó dòufu.

_____

田中：我 吃 咖喱饭。
　　　Wǒ chī gālífàn.

_____

张 ：你 喝 果汁儿 还是 乌龙茶？
　　　Nǐ hē guǒzhīr háishi wūlóngchá?

_____

田中：我 喝 一 杯 乌龙茶，
　　　Wǒ hē yì bēi wūlóngchá,

_____

　　　你 喝 果汁儿 吧？
　　　nǐ hē guǒzhīr ba?

_____

张 ：对，我 喝 果汁儿。
　　　Duì, wǒ hē guǒzhīr.

_____

生词 shēngcí

🔊 51

1 想 xiǎng 助動 ～したい
2 吃 chī 動 食べる
3 要 yào 助動 ～したい
4 麻婆豆腐 mápó dòufu 名 麻婆豆腐
5 咖喱饭 gālífàn 名 カレーライス
6 喝 hē 動 飲む

7 果汁儿 guǒzhīr 名 ジュース
8 还是 háishi 接 それとも
9 乌龙茶 wūlóngchá 名 ウーロン茶
10 杯 bēi 量 ～杯
11 吧 ba 助 ～でしょう（推測）
12 对 duì 感 はい 形 正しい

学習ポイント

1 助動詞 "想" "要"　　願望や意志を表す「〜したい」 **52**

肯定　主語 ＋ "想" ／ "要" ＋ 動詞 ＋（目的語）

否定　主語 ＋ "不" ＋ "想" ＋ 動詞 ＋（目的語）

我		想	去	学校。
Wǒ		xiǎng	qù	xuéxiào.
我		要	看	电视。
Wǒ		yào	kàn	diànshì.
我	不	想	看	电视。
Wǒ	bù	xiǎng	kàn	diànshì.
我	不	想	吃	麻婆 豆腐。
Wǒ	bù	xiǎng	chī	mápó dòufu.
你		想	喝	什么?
Nǐ		xiǎng	hē	shénme?
你		想	去	哪儿?
Nǐ		xiǎng	qù	nǎr?

看 kàn　読む・見る
电视 diànshì　テレビ

練習　次の日本語を中国語に訳しなさい。

1 私はジュースが飲みたいです。　　＿＿＿＿＿＿＿＿＿＿＿＿＿＿

2 彼はカレーを食べたくないようです。　＿＿＿＿＿＿＿＿＿＿＿＿

2 量詞 **53**

数詞 ＋ 量詞 ＋ 名詞

一	个	苹果	两	个	人
yí	ge	píngguǒ	liǎng	ge	rén
三	张	桌子	四	张	床
sān	zhāng	zhuōzi	sì	zhāng	chuáng
五	本	杂志	六	本	小说
wǔ	běn	zázhì	liù	běn	xiǎoshuō
七	件	衣服	八	件	毛衣
qī	jiàn	yīfu	bā	jiàn	máoyī
九	支	圆珠笔	十	支	铅笔
jiǔ	zhī	yuánzhūbǐ	shí	zhī	qiānbǐ

个 ge　（もの・人を数える）〜個、〜人
苹果 píngguǒ　りんご
两 liǎng　2、二つ
张 zhāng　平面を持つものを数える量詞
桌子 zhuōzi　テーブル
床 chuáng　ベッド
本 běn　冊
杂志 zázhì　雑誌
小说 xiǎoshuō　小説
件 jiàn　服などを数える量詞
衣服 yīfu　服
毛衣 máoyī　セーター
支 zhī　ペンなどを数える量詞
圆珠笔 yuánzhūbǐ　ボールペン
铅笔 qiānbǐ　鉛筆

選択疑問文　　　　　　　　　　　　　　　　　　◀) 54

A还是B？　AそれともB？　※ 文末に"吗"はつけない。

你　学习　汉语　还是　学习　英语?
Nǐ　xuéxí　Hànyǔ　háishi　xuéxí　Yīngyǔ?

他　是　老师　还是　学生?
Tā　shì　lǎoshī　háishi　xuésheng?

学习 xuéxí　勉強する
汉语 Hànyǔ　中国語
英语 Yīngyǔ　英語

練習 下の語群から（　　）に入る適切な語句を選びなさい。

红茶　　咖啡　　还是　　米饭　　面包

咖啡 kāfēi　コーヒー
红茶 hóngchá　紅茶
面包 miànbāo　パン
米饭 mǐfàn　ご飯

1 你是中国人（　　　　　）日本人?

2 你喝（　　　　　）还是喝（　　　　　）?

3 你想吃（　　　　　）还是吃（　　　　　）?

語気助詞"吧"　　　推測、誘い、軽い命令を表す　　　◀) 55

你　是　日本人　吧?
Nǐ　shì　Rìběnrén　ba?

我们　一起　吃　午饭　吧。
Wǒmen　yìqǐ　chī　wǔfàn　ba.

你　坐　吧。
Nǐ　zuò　ba.

一起 yìqǐ　一緒に
午饭 wǔfàn　昼食
坐 zuò　座る

練習 日本語の意味になるように単語を並べ替えなさい。

1 我们　学习　一起　吧　汉语 （私たちは一緒に中国語を勉強しましょう。）

_____

2 你　留学生　吧　是 （あなたは留学生でしょう?）

_____

総合練習

1 次の日本語の意味に最も合う中国語を①～④の中から一つ選びなさい。　🔊 56

1 ジュース　　①　　　　②　　　　③　　　　④

2 それとも　　①　　　　②　　　　③　　　　④

3 カレー　　　①　　　　②　　　　③　　　　④

2 音声を聞いて、下線部に中国語を書きなさい。　🔊 57

A：你 _____ 吃什么?

B：我要吃 _____ _____ 。

A：我吃 _____ 。

B：你喝果汁儿 _____ 乌龙茶?

A：我喝一 _____ 乌龙茶，你喝果汁儿 _____ ?

B：对，我喝 _____ 。

3 日本語の意味になるように単語を並べ替えなさい。

1 他　超市　去　想（彼はスーパーに行きたいのです。）

_____

2 吧　她　医生　是（彼女は医者ですよね?）

_____

超市 chāoshì
スーパーマーケット

4 右の語群を使い、下線部を入れ換えてクラスメイトと会話練習をしなさい。

A： 你 想 吃 什么？
　　 Nǐ xiǎng chī shénme?

B： 我 想 吃 咖喱饭。你 想 吃 什么？
　　 Wǒ xiǎng chī gālífàn. Nǐ xiǎng chī shénme?

A： 我 不／也 想 吃 咖喱饭。
　　 Wǒ bù/yě xiǎng chī gālífàn.

面包　　麻婆豆腐
饺子　　包子

饺子 jiǎozi　餃子
包子 bāozi　肉まん

---

5 次の日本語を中国語に訳しなさい。

① 私は中国語を勉強したいです。

_____

② あなたはパンを食べますか、それともご飯を食べますか？

_____

③ 彼はウーロン茶が飲みたいです。

_____

---

6 下の語群から（　　）に入る適切な語句を選び、日本語に訳しなさい。

吧　想　本　还是　要

① 我不（　　　　）喝咖啡。

② 我（　　　　）去东京。

③ 你喝乌龙茶（　　　　）喝果汁儿？

④ 你喝咖啡（　　　　）？

⑤ 这是一（　　　　）汉语书。

东京 Dōngjīng　東京
这 zhè　これ
汉语书 Hànyǔshū
中国語の本

漢詩で学ぶ数字

山村咏怀　邵雍
Shān cūn yǒng huái　Shào Yōng

「山村詠懐」　邵雍

山 村 咏 怀　　邵 雍
shān cūn yǒng huái　Shào Yōng

一 去 二 三 里，烟 村 四 五 家。
Yí qù èr sān lǐ, yān cūn sì wǔ jiā.

亭 台 六 七 座，八 九 十 枝 花。
Tíng tái liù qī zuò, bā jiǔ shí zhī huā.

「山村詠懐」　邵雍

　山道を二、三里ほど歩いていくと、炊事の煙が立ち昇る四、五軒の家が見えます。道ばたには六、七軒の東屋があり、そのそばの木には八、九、十の花があります。

第 4 课 汉语的发音难吗？

第 课
Dì sì kè

Hànyǔ de fāyīn nán ma?

到達目標 感想を尋ねる、言う

🔊 58

日本語訳を書きましょう

张 ：这 是 你 的 汉语书 吗？
Zhè shì nǐ de Hànyǔshū ma?

_____

田中：对，我 在 学习 汉语 呢。
Duì, wǒ zài xuéxí Hànyǔ ne.

_____

张 ：拼音 都 学 了 吗？
Pīnyīn dōu xué le ma?

_____

田中：学 了。
Xué le.

_____

张 ：发音 难 吗？
Fāyīn nán ma?

_____

田中：很 难，不过 很 有 意思。
Hěn nán, búguò hěn yǒu yìsi.

_____

生词 shēngcí

🔊 59

1 这 zhè 代 これ、この
2 汉语书 Hànyǔshū 名 中国語の本
3 在 zài 副 〜している
4 学习 xuéxí 動 勉強する
5 汉语 Hànyǔ 名 中国語
6 呢 ne 助 平叙文の文末に置き、動作や状態の継続を表す

7 拼音 pīnyīn 名 ピンイン
8 学 xué 動 勉強する
9 了 le 助 〜した
10 发音 fāyīn 名 発音
11 难 nán 形 難しい
12 不过 búguò 接 ところが、しかし
13 有意思 yǒu yìsi 面白い

左側縦：発音 1 2 3 **4** 5 6 7 8 9 10 11 12

学習ポイント

1 指示代名詞

🔊 60

これ／この	それ／その	あれ／あの	どれ／どの
这 zhè (zhèi)	那 nà (nèi)		哪 nǎ (něi)
这个 zhège (zhèige)	那个 nàge (nèige)		哪个 nǎge (něige)

練習 日本語の意味になるように下線部に"那个""哪个"を入れなさい。

1 どれがほしいのですか？　　你要 ＿＿＿＿＿＿ ？

2 私はこれが食べたいです。　我想吃 ＿＿＿＿＿＿ 。

2 動作の進行を表す"(正)在"　　〜している

🔊 61

肯定　"(正)在" ＋ 動詞 ＋ (目的語) ＋ ("呢")

他 （正）在　　吃　　饭　　呢。
Tā (zhèng)zài　chī　fàn　ne.

※ 文末助詞"呢"は「いま〜しているよ」という語気を表す。

否定　"没(在)" ＋ 動詞 ＋ (目的語)

他 没（在）　吃　　饭。
Tā méi (zài)　chī　fàn.

疑問　"(正)在" ＋ 動詞 ＋ (目的語) "吗"?

他 （正）在　吃　　饭　　吗?
Tā (zhèng)zài　chī　fàn　ma?

> 正 zhèng
> ちょうど、まさに
> 没 méi
> (まだ)〜していない
> 饭 fàn　ご飯、食事

練習 日本語の意味になるように単語を並べ替えなさい。

1 在　我　汉语　学习 （私は中国語を学んでいるところです。）

_____

2 没　他　看　在　电视 （彼はテレビを見ていません。）

_____

3 做　在　呢　什么　你 （あなたは何をしていますか?）

_____

> 做 zuò　する

3 形容詞述語文

肯定   **主語 ＋ 程度副詞 ＋ 述語（形容詞）**

她	很	聪明。
Tā	hěn	cōngmíng.

樱花	真	漂亮！
Yīnghuā	zhēn	piàoliang!

否定   **主語 ＋ "不" ＋ 述語（形容詞）**

今天	不	冷。
Jīntiān	bù	lěng.

疑問   **主語 ＋ 述語（形容詞）＋ "吗"？**

你	忙	吗?
Nǐ	máng	ma?

聪明 cōngming 賢い
樱花 yīnghuā 桜
真 zhēn ほんとうに
漂亮 piàoliang
きれい
今天 jīntiān 今日
冷 lěng 寒い
忙 máng 忙しい

※ 形容詞述語文は程度副詞をつけることで対比のニュアンスがない表現になります。
※ 中国語には時制による語形変化がないので、形容詞述語文はそのままの形で過去のことを述べることができます。

練習 次の日本語を中国語に訳しなさい。

1 今日はとても寒いです。

_____

2 私は忙しくありません。

_____

4 実現を表す "了"

動詞 ＋（目的語）＋ "了"

我	吃	(饭)	了。
Wǒ	chī	fàn	le.

動詞 ＋ "了" ＋ 数量 ＋ 目的語

我	吃	了	两 碗	米饭。
Wǒ	chī	le	liǎng wǎn	mǐfàn.

否定   **"没" ＋ 動詞 ＋ 目的語**

我	昨天	没	去	新宿。
Wǒ	zuótiān	méi	qù	Xīnsù.

碗 wǎn 杯
昨天 zuótiān 昨日
新宿 Xīnsù 新宿

練習 日本語の意味になるように単語を並べ替えなさい。

1 都 拼音 了 学 （ピンインはもう習いました。）

_____

2 看 一本 书 了 我 （私は本を一冊読みました。）

_____

| 総合練習 |

1 次の日本語の意味に最も合う中国語を①～④の中から一つ選びなさい。　🔊 64

1 勉強する　　①　　　　②　　　　③　　　　④

2 難しい　　　①　　　　②　　　　③　　　　④

3 面白い　　　①　　　　②　　　　③　　　　④

2 音声を聞いて、下線部に中国語を書きなさい。　🔊 65

A：_____ 是你的 _____ 书吗?

B：对，我在 _____ 汉语呢。

A：_____ 都学了吗?

B：学 _____ 。

A：_____ 难吗?

B：很 _____，不过 _____ _____ 。

3 日本語の意味になるように単語を並べ替えなさい。

1 难　汉语　很　发音　的（中国語の発音は難しいです。）

_____

2 英语　我爸爸　在　学习（父は英語を勉強しています。）

爸爸 bàba 父

_____

4 右の語群を使い、下線部を入れ換えてクラスメイトと会話練習をしなさい。

A：这 是 你 的 <u>汉语</u> 书 吗?
　　Zhè shì nǐ de Hànyǔ shū ma?

B：对，我 在 学习 <u>汉语</u>。
　　Duì, wǒ zài xuéxí Hànyǔ.

A：<u>汉语</u> 发音 难 吗?
　　Hànyǔ fāyīn nán ma?

B：<u>很 难</u>。
　　Hěn nán.

日语	不难
英语	不太难
韩语	非常难

日语 Rìyǔ　日本語
韩语 Hányǔ　韓国語
不太 bútài
あまり～ない
非常 fēicháng　非常に

5 次の日本語を中国語に訳しなさい。

① これは彼の本ですか?

_____

② 私はご飯を食べています。

_____

③ 中国語は面白いです。

_____

6 下の語群から( )に入る適切な語句を選び、日本語に訳しなさい。

汉语书　　在　　有意思　　难　　拼音

① 汉语( )都学了吗?

② 我( )看电视。

③ 英语发音不太( )。

④ 那是我朋友的( )。

⑤ 这本小说很( )。

故事成語 2

千里之行，始于足下。《老子》
Qiān lǐ zhī xíng, shǐ yú zú xià. Lǎozǐ

千里の道も一歩から。『老子』

千里の道のりも足元から始まる。どんなに大きな目標でも、
まずは手近なことの実行から始まるということ。

❶ 老子：两个人才能合抱的大树是从小树长成的。
Lǎozǐ Liǎng gè rén cái néng hébào de dà shù shì cóng xiǎo shù zhǎng chéng de.
（2人で抱きかかえるような大木でも小さな芽から成長したのです。）

❷ 老子：九层的高楼是一层一层地盖起来的。
Jiǔ céng de gāolóu shì yī céng yī céng de gài qǐlai de.
（9階建ての高い建物でも1階ずつ建てられたのです。）

❸ 老子：千里的路程也是从脚下的第一步开始的。
Qiānlǐ de lùchéng yě shì cóng jiǎoxià de dìyībù kāishǐ de.
（千里の道のりも足元から始まるのですよ。）

❹ 小猫：出发了！耶！ （出発！イェーイ！）
Xiǎomāo Chūfā le! Yè!

発音
1
2
3
4
5
6
7
8
9
10
11
12

第 5 课 你的生日几月几号?

Dì wǔ kè

Nǐ de shēngri jǐ yuè jǐ hào?

到達目標 年月日・曜日・時刻を尋ねる、言う

◀) 66

日本語訳を書きましょう

张 ：你 的 生日 几 月 几 号?
Nǐ de shēngri jǐ yuè jǐ hào?

田中：五 月 九 号。
Wǔ yuè jiǔ hào.

明天 是 我 的 生日。
Míngtiān shì wǒ de shēngri.

张 ：你 今年 多 大 了?
Nǐ jīnnián duō dà le?

田中：我 今年 二十 岁 了。
Wǒ jīnnián èrshí suì le.

张 ：明天 星期六,
Míngtiān xīngqīliù,

晚上 一起 吃饭 吧。
wǎnshang yìqǐ chīfàn ba.

田中：好, 晚上 七 点 见面 吧。
Hǎo, wǎnshang qī diǎn jiànmiàn ba.

生词 shēngcí

◀) 67

1. 生日 shēngri 名 誕生日
2. 几 jǐ 代 いくつ、いくら
3. 月 yuè 名 名月
4. 号 hào 名 日
5. 明天 míngtiān 名 明日
6. 今年 jīnnián 名 今年
7. 多大 duōdà どれぐらい、いくつ
8. 了 le 助 文末に置き、変化を表す
9. 晚上 wǎnshang 名 夜
10. 星期六 xīngqīliù 名 土曜日
11. 点 diǎn 名 時
12. 见面 jiàn//miàn 会う

1 年月日・曜日の表現 🔊68

(1) 年月日

年 nián	二〇二〇年 èr líng èr líng nián	一九八四年 yī jiǔ bā sì nián

月 yuè 一月 yī yuè 二月 èr yuè 七月 qī yuè 八月 bā yuè 十月 shí yuè 十一月 shíyī yuè 十二月 shí'èr yuè

号(日) hào (rì) 一号(日) yī hào (rì) 二号(日) èr hào (rì) 十六号(日) shíliù hào (rì) 三十一号(日) sānshiyī hào (rì)

几 月 几 号?
Jǐ yuè jǐ hào?

(2) 曜日

星期一 xīngqīyī 星期二 xīngqī'èr 星期三 xīngqīsān … 星期六 xīngqīliù 星期天(日) xīngqītiān(rì) 星期 几? xīngqī jǐ?

星期天(日)
xīngqītiān(rì)　日曜日

練習 次の質問に答えなさい。

1 今天 几 月 几 号?
Jīntiān jǐ yuè jǐ hào?　_____

2 今天 星期 几?
Jīntiān xīngqī jǐ?　_____

2 時刻の表現 🔊69

一 点 yī diǎn 两 点 liǎng diǎn 三 点 sān diǎn 十 点 shí diǎn

一 分 yī fēn 十 分 shí fēn 二十 分 èrshí fēn 六十 分 liùshí fēn

一 点 十 分 (1:10) yī diǎn shí fēn 两 点 一 刻 (2:15) liǎng diǎn yí kè

四 点 半 (4:30) sì diǎn bàn 九 点 零 五 分 (9:05) jiǔ diǎn líng wǔ fēn

差 十 分 六 点 (5:50) chà shí fēn liù diǎn

分 fēn　分
半 bàn　半
刻 kè　15分
零 líng　ゼロ
差 chà　あと〜
现在 xiànzài　今

现在 几 点? Xiànzài jǐ diǎn?　你 几 点 下课? Nǐ jǐ diǎn xiàkè?

我们 晚上 七 点 吃饭。
Wǒmen wǎnshang qī diǎn chīfàn.

下课 xiàkè
授業が終わる

練習 次の質問に答えなさい。

1 现在 几 点?
Xiànzài jǐ diǎn?　_____

年齢　你 多大?　　　　　　我 十八 岁。
　　　Nǐ duōdà?　　　　　　Wǒ shíbā suì.

日付　今天 几 月 几 号?　　今天 七 月 十四 号。
　　　Jīntiān jǐ yuè jǐ hào?　Jīntiān qī yuè shísì hào.

時間　现在 几 点?　　　　　现在 五 点。
　　　Xiànzài jǐ diǎn?　　　 Xiànzài wǔ diǎn.

否定　今天 不 是 十八 号。 ※否定は "不是"
　　　Jīntiān bú shì shíbā hào.

練習　次の日本語を中国語に訳しなさい。

1 今日は日曜日ではありません。　_____

2 あなたは今年いくつですか？　　_____

4 変化を表す"了"　🔊 71

我 二十 岁 了。
Wǒ èrshí suì le.

天 热 了。
Tiān rè le.

弟弟 是 大学生 了。
Dìdi shì dàxuéshēng le.

天 tiān	天気
热 rè	暑い
弟弟 dìdi	弟

練習　日本語の意味になるように単語を並べ替えなさい。

1 老师　她　是　了 （彼女は先生になりました。）

_____

2 他　十五岁　今年　了 （彼は今年15歳になりました。）

_____

総合練習

1 次の日本語の意味に最も合う中国語を①〜④の中から一つ選びなさい。　🔊 72

1 明日　　　　　①　　　　②　　　　③　　　　④

2 土曜日　　　　①　　　　②　　　　③　　　　④

3 12時　　　　 ①　　　　②　　　　③　　　　④

2 問題を聞いて、正しい答えを選びなさい。　🔊 73

1 A 星期天　　　B 星期一　　　C 星期二　　　D 星期三

2 A 五月二十六号　　　B 五月二十七号
　 C 五月二十八号　　　D 五月二十九号

3 A 1：00　　　B 1：05　　　C 12：55　　　D 1：55

3 音声を聞いて、下線部に中国語を書きなさい。　🔊 74

A：你的生日 ＿＿＿ ＿＿＿ ＿＿＿ ＿＿＿ ？

B：五月九号。＿＿＿＿＿ 是我的生日。

A：你今年 ＿＿＿ ＿＿＿ 了？

B：我今年 ＿＿＿＿＿ ＿＿＿ 了。

A：明天 ＿＿＿＿＿，晚上一起 ＿＿＿＿ 吧。

B：好，晚上 ＿＿＿ ＿＿＿ 见面吧。

4 日本語の意味になるように単語を並べ替えなさい。

1 几　今天　号　月　几 （今日は何月何日ですか。）

＿＿＿＿＿＿＿＿＿＿＿＿＿＿＿＿＿＿＿＿＿＿＿＿＿

2 岁　她　二十　了　今年 （彼女は今年20歳になりました。）

＿＿＿＿＿＿＿＿＿＿＿＿＿＿＿＿＿＿＿＿＿＿＿＿＿

5 空欄に実際の日付、曜日、時間を入れ、また右の語群を使い、下線部を入れ換えてクラスメイトと会話練習をしなさい。

A：今天 几 月 几 号?
　　Jīntiān jǐ yuè jǐ hào?

昨天　　明天

B：今天 ＿＿ 月 ＿＿ 号。
　　Jīntiān 　 yuè 　 hào.

A：今天 星期 几?
　　Jīntiān xīngqī jǐ?

B：今天 星期 ＿＿ 。
　　Jīntiān xīngqī

A：现在 几 点?
　　Xiànzài jǐ diǎn?

B：现在 ＿＿ 点。
　　Xiànzài 　 diǎn.

6 次の日本語を中国語に訳しなさい。

1 今日は木曜日ではありません。

_____

2 明日は6月10日です。

_____

3 私は（体調が）よくなりました。

_____

7 下の語群から（　　）に入る適切な語句を選び、日本語に訳しなさい。

差　　月　　点　　了　　是

1 今天五（　　　　）二十二号。

2 现在（　　　　）五分十二点。

3 他是大学生（　　　　）。

4 我上午八（　　　　）去学校。

5 现在不（　　　　）十点。

発音
1
2
3
4
5
6
7
8
9
10
11
12

中国の伝統的な祝日 その一 "端午节"
Duānwǔjié

端午の節句

　"端午节"（端午の節句）は中国の三大伝統節句の一つとされ、旧暦の5月5日にあ
Duānwǔjié
たる祝日です。楚の時代に入水自殺した詩人"屈原"（くつげん）の供養祭として始まり
Qū Yuán
ました。

　端午の節句に行われる行事といえば
"龙舟赛"（ドラゴンボートレース）です。
Lóngzhōusài
屈原が川に身投げして命を落とした際に、
人々が舟を漕いで川に沈んだ屈原を探
したことが由来だと言われています。

　また、端午の節句には"粽子"（ちまき）を食べ
zòngzi
る風習があります。言い伝えによると、屈原の体
が魚に食べられないように彼が身投げした川に人々
がちまきを投げ入れたことから、後に屈原を供養
するため端午の節句にちまきを食べるようになっ
たと言われています。

　日本には端午の節句に菖蒲などの薬草
を玄関先にかけて邪気を払う習慣が伝わ
りましたが、長い年月を経て鯉のぼりや
五月人形を飾る「こどもの日」として定着
しました。

第 6 课　你的爱好是什么?

Dì liù kè　Nǐ de àihào shì shénme?

到達目標
① 趣味について尋ねる、言う
② 「できる・できない」を言う

◆）75

日本語訳を書きましょう

田中：你 的 爱好 是 什么?
Nǐ de àihào shì shénme?

张 ：我 喜欢 滑雪。你 呢?
Wǒ xǐhuan huáxuě. Nǐ ne?

田中：我 喜欢 游泳。
Wǒ xǐhuan yóuyǒng.

　　　你 会 不 会 游泳?
Nǐ huì bu huì yóuyǒng?

张 ：我 不 会 游泳。
Wǒ bú huì yóuyǒng.

　　　你 能 游 多 远?
Nǐ néng yóu duō yuǎn?

田中：一千 米。
Yìqiān mǐ.

　　　昨天 我 游了 两 个 小时。
Zuótiān wǒ yóule liǎng ge xiǎoshí.

张 ：游了 这么 长 时间！
Yóule zhème cháng shíjiān!

生词 shēngcí

◆）76

1 爱好 àihào 名 趣味
2 喜欢 xǐhuan 動 好き
3 滑雪 huá//xuě 動 スキー
4 呢 ne 助 〜は? (同じ質問なので以下省略の意味を表す)
5 游泳 yóu//yǒng 動 泳ぐ
6 会 huì 助動 〜できる
7 能 néng 助動 〜できる
8 多 duō 副 どのぐらい

9 远 yuǎn 形 遠い(距離)
10 千 qiān 数 千
11 米 mǐ 名 メートル
12 昨天 zuótiān 名 昨日
13 游 yóu 動 泳ぐ
14 两 liǎng 数 2、二つ
15 小时 xiǎoshí 名 〜時間
16 这么 zhème 代 こんなに、こう
17 长 cháng 形 長い
18 时间 shíjiān 形 時間

1 助動詞 "会" "能"

◀ 77

	"会" +	**動詞** +	**(目的語)**	学習や練習して～できる
我	会	说	英语。	
Wǒ	huì	shuō	Yīngyǔ.	

否定 **"不会"** + **動詞** + **(目的語)** ～できない

我	不 会	做	饭。
Wǒ	bú huì	zuò	fàn.

	"能" +	**動詞** +	**(目的語)**	持っている能力や客観的な条件 によって～できる
他	能	说	四 种 外语。	
Tā	néng	shuō	sì zhǒng wàiyǔ.	

明天	你	能	去	学校	吗?
Míngtiān	nǐ	néng	qù	xuéxiào	ma?

否定 **"不能"** + **動詞** + **(目的語)** ～できない、 (許されなくて)～できない

我	有事	不 能	去。
Wǒ	yǒushì	bù néng	qù.

这儿	不 能	照相。
Zhèr	bù néng	zhàoxiàng.

种 zhǒng ～種類
外语 wàiyǔ 外国語
有事(儿) yǒu//shì(r) 用事がある
照相 zhào//xiàng 写真を撮る

練習 次の文の(　)に "会" "能" を入れ、文章を完成させなさい。

1 我(　　　)开车，不过我今天喝酒了，不(　　　　　)开车。

2 我不(　　　　)做饭，不过我(　　　　)帮你洗碗。

3 我(　　　)游泳，我(　　　)游一千米。

酒 jiǔ 酒
开车 kāi//chē 車を運転する
帮 bāng 手伝う
洗 xǐ 洗う
碗 wǎn お椀・皿

2 動量補語　動詞の後ろに置き、動作の回数、量を表す。

◀ 78

	動詞 +	**動量補語** +	**(目的語)**
我	洗了	三 次	手。
Wǒ	xǐle	sān cì	shǒu.

	動詞 +	**目的語** (人称代名詞) +	**動量補語**
去年	我 见了	她	两 次。
Qùnián	wǒ jiànle	tā	liǎng cì.

手 shǒu 手
见 jiàn 会う
药 yào 薬
次 cì 回(回数)
电影 diànyǐng 映画

練習 日本語の意味になるように単語を並べ替えなさい。

1 两次　今天　吃　我　了　药 （今日は2回薬を飲みました。）

発音

1
2
3
4
5
6
7
8
9
10
11
12

2 电影　三次　看　了　这个月　我　（私は今月映画を3回見ました。）

_____

3 時量補語　数量補語の一種。動詞の後ろに置き、動作・状態が続く時間表す。　🔊 79

動詞　＋　　時量補語　＋　（目的語）

我　学了　　　六　年　　　　钢琴。
Wǒ　xuéle　　　liù nián　　　　gāngqín.

你　学了　　　多长 时间?
Nǐ　xuéle　　　duōcháng shíjiān?

動詞　＋　　目的語　　＋　時量補語
　　　　　　（人称代名詞）

我　等了　　　她　　　　两 个 小时。
Wǒ　děngle　　　tā　　　　liǎng ge xiǎoshí.

※ 目的語が代名詞の時、補語は目的語の後にくる。

钢琴 gāngqín　ピアノ
多长时间
duōcháng shíjiān
どのぐらいの時間

等 děng　待つ

練習　日本語の意味になるように単語を並べ替えなさい。

1 学了　你　汉语　年　几　（あなたは中国語を何年勉強しましたか?）

_____

2 了　等　多长时间　她　你　（あなたは彼をどのぐらい待っていましたか?）

_____

4 反復疑問文

動詞、形容詞、助動詞の肯定形＋否定形＋?　※ 文末に "吗" をつけない。　🔊 80

動詞　　　去　**不**　去?　　　去　**没**　去?
　　　　　Qù　bu　qù?　　　Qù　méi　qù?

形容詞　　难　**不**　难?
　　　　　Nán　bu　nán?

助動詞　　想　**不**　想　去?
　　　　　Xiǎng　bu　xiǎng　qù?

練習　次の疑問文を反復疑問文に書きかえましょう。

1 你喝茉莉花茶吗?　_____

2 你昨天看新闻了吗?　_____

3 珍珠奶茶好喝吗?　_____

4 你想去旅游吗?　_____

茉莉花茶 mòlì huāchá
ジャスミンティー
新闻 xīnwén
ニュース
珍珠奶茶
zhēnzhū nǎichá
タピオカミルクティー
好喝 hǎohē
（飲み物が）おいしい
旅游 lǚyóu　旅行

総合練習

1 次の日本語の意味に最も合う中国語を①～④の中から一つ選びなさい。　🔊 81

1	趣味	①	②	③	④
2	好き	①	②	③	④
3	2時間	①	②	③	④

2 問題を聞いて、正しい答えを選びなさい。　🔊 82

1　A 学习拼音　　B 学习汉语　　C 学习英语　　D 喜欢中国

2　A 不会　　　 B 游泳　　　　C 能　　　　　D 会

3　A 滑雪　　　 B 游泳　　　　C 学习　　　　D 吃饭

3 音声を聞いて、下線部に中国語を書きなさい。　🔊 83

A：你的 _____ 是什么？

B：我 _____ 滑雪。你呢？

A：我喜欢 _____ 。你 _____ _____ _____ 游泳？

B：我 _____ _____ 游泳。你 _____ 游多远？

A：一千米。昨天我游了 _____ _____ 。

B：游了这么 _____ _____ ！

4 日本語の意味になるように単語を並べ替えなさい。

1　爱好　足球　是　踢　我的（私の趣味はサッカーです。）

_____

2　不　累　你　今天　累（今日は疲れましたか？）

_____

踢 tī （サッカー）をする、蹴る
足球 zúqiú　サッカー
累 lèi　疲れる

発音
1
2
3
4
5
6
7
8
9
10
11
12

5 右の語群を使い、下線部を入れ換えてクラスメイトと会話練習をしなさい。

A： 你 的 爱好 是 什么?
Nǐ de àihào shì shénme?

B： 我 喜欢 滑雪。你 呢?
Wǒ xǐhuan huáxuě. Nǐ ne?

A： 我 喜欢 游泳。你 会 游泳 吗?
Wǒ xǐhuan yóuyǒng. Nǐ huì yóuyǒng ma?

B： 我 不 会。
Wǒ bú huì.

打篮球	开车
看电影	唱歌
弹吉他	画画儿

打 dǎ ～をする
篮球 lánqiú
バスケットボール
唱歌 chàng gē
歌を歌う
弹 tán （楽器）をひく
吉他 jítā ギター
画画儿 huà huàr
絵を描く

6 次の日本語を中国語に訳しなさい。

① 昨日英語を1時間勉強しました。

_____

② 中国語は難しいですか?（反復疑問文）

_____

③ 私は3キロ泳げます。

_____

7 下の語群から( )に入る適切な語句を選び、日本語に訳しなさい。

能　会　喜欢　多　呢

① 我的爱好是唱歌，你( )？

② 我不( )开车。

③ 你游泳能游( )远?

④ 明天她不( )去学校。

⑤ 你( )吃中国菜吗?

中国菜 Zhōngguócài
中華料理

発音
1
2
3
4
5
6
7
8
9
10
11
12

閑話休題 3

中国の伝統的な祝日 その二 "中秋节"
Zhōngqiūjié

中秋節

"中秋节"（中秋節）は春節に次ぐ伝統的な祝日で、旧暦の8月15日に行われます。
Zhōngqiūjié
中国では、この日の満月は家庭円満の象徴であるとされ「団欒節」とも呼ばれています。

中秋節のお供えものとして"月饼"（月餅）
yuèbǐng
と呼ばれる平たく丸い焼き菓子が定番です。
満月に見立てた月餅は家庭円満の象徴でもあ
り、中秋節には家族が集まり月見をしながら
月餅を食べ、一家団欒の時を過ごす習慣があ
ります。またこの時期、親しい方やお世話になった方に月餅を贈る習慣もあります。

他にも中秋節には"灯笼"（ランタン）
dēnglong
を持った子供たちが街を練り歩いたり、
道でたくさんのランタンを灯す「ランタン
祭り」が催されます。

日本では旧暦の8月15日に見える月を「中
秋の名月」と呼んでいます。中国と違い、月
餅の代わりに豊作祈願の意味が込められている
「月見団子」を食べます。

発音
1
2
3
4
5
6
7
8
9
10
11
12

第 7 課 明天你有课吗?

Dì qī kè

Míngtiān nǐ yǒu kè ma?

到達目標 約束を交わす

🔊 84

日本語訳を書きましょう

张 ：明天 你 有 课 吗?
Míngtiān nǐ yǒu kè ma?

_____

田中：我 上午 有 一 节 汉语 课，
Wǒ shàngwǔ yǒu yì jié Hànyǔ kè,

_____

下午 没 有。
xiàwǔ méi yǒu.

_____

张 ：我 明天 没有 课，
Wǒ míngtiān méi yǒu kè,

_____

我们 去 看 电影 吧。
wǒmen qù kàn diànyǐng ba.

_____

田中：好，明天 我 下课 后
Hǎo, míngtiān wǒ xiàkè hòu

_____

给 你 打 电话，一起 吃 午饭。
gěi nǐ dǎ diànhuà, yìqǐ chī wǔfàn.

_____

张 ：(在 手机 上 操作)
Zài shǒujī shang cāozuò

_____

我 订好 票 了。
Wǒ dìnghǎo piào le.

_____

田中：太 好 了，谢谢！
Tài hǎo le, xièxie!

_____

 生词 shēngcí

🔊 85

1 有 yǒu 動 持っている、いる、ある

2 课 kè 名 授業

3 上午 shàngwǔ 名 午前

4 节 jié 量 コマ

5 下午 xiàwǔ 名 午後

6 没 méi 副 ～ない

7 看 kàn 動 見る、読む

8 下课 xià//kè 動 授業が終わる

9 后 hòu 方 ～のあと

10 给 gěi 介 ～に

11 打 dǎ 動 (電話)をする

12 电话 diànhuà 名 電話

13 一起 yìqǐ 副 一緒に

14 手机 shǒujī 名 携帯電話、スマートフォン

15 操作 cāozuò 動 操作する

16 订 dìng 動 予約する

17 票 piào 名 チケット

18 太…了 tài...le 非常に…である

発音 1 2 3 4 5 6 7 8 9 10 11 12

学習ポイント

1 所有を表す"有"

🔊 86

肯定　**有**　持っている、いる、ある

我　有　一　本　汉语　书。　　　我　有　很　多　朋友。
Wǒ　yǒu　yì　běn　Hànyǔ　shū.　　Wǒ　yǒu　hěn　duō　péngyou.

否定　**没有**　持っていない、いない、ない

我　没有　电脑。　　　他　没有　哥哥。
Wǒ　méiyǒu　diànnǎo.　　Tā　méiyǒu　gēge.

疑問

你　有　姐姐　吗?　　　明天　你　有　什么　课?
Nǐ　yǒu　jiějie　ma?　　Míngtiān　nǐ　yǒu　shénme　kè?

很多 hěn duō	
たくさん	
电脑 diànnǎo	
パソコン	
哥哥 gēge　兄	
姐姐 jiějie　姉	

練習　次の日本語を中国語に訳しなさい。

1　わたしはテレビを持っていません。　_____

2　彼女には兄が一人います。　_____

2 連動文

🔊 87

動詞1（＋**目的語**）　＋　**動詞2**（＋**目的語**）

他　去　学校　上课。
Tā　qù　xuéxiào　shàngkè.

我　去　图书馆　看　书。
Wǒ　qù　túshūguǎn　kàn　shū.

明天　来　我　家　玩儿。
Míngtiān　lái　wǒ　jiā　wánr.

上课 shàng//kè	
授業を受ける	
图书馆 túshūguǎn	
図書館	
来 lái　来る	
玩儿 wánr　遊ぶ	

練習　絵を見て、日本語を中国語に訳しなさい。

超市
chāoshì

食堂
shítáng

买东西 mǎi dōngxi
買い物をする

1　私はスーパーに買い物に行きます。　_____

2　彼は食堂にランチを食べに行きます。　_____

3 前置詞"给" ～に～してあげる

🔊 88

肯定　"给" ＋ 人 ＋ 動詞 ＋ 目的語

他	给	我	发	邮件。
Tā	gěi	wǒ	fā	yóujiàn.

否定　"不／没 给" ＋ 人 ＋ 動詞 ＋ 目的語

他	不	给	我	写	信。
Tā	bù	gěi	wǒ	xiě	xìn.

他	没	给	我	打	电话。
Tā	méi	gěi	wǒ	dǎ	diànhuà.

发 fā
(Eメール)を送る
邮件 yóujiàn
Eメール
写信 xiě xìn
手紙を書く

練習 次の日本語を中国語に訳しなさい。

1 私は彼女に本を買ってあげました。 ＿＿＿＿＿＿＿＿＿＿

2 私は彼にメールを送っていません。 ＿＿＿＿＿＿＿＿＿＿

4 結果補語

🔊 89

否定

～好	做好 了	写好 了	➡	没 做好	没 写好
hǎo	zuòhǎo le	xiěhǎo le		méi zuòhǎo	méi xiěhǎo
～懂	听懂 了	看懂 了	➡	没 听懂	没 看懂
dǒng	tīngdǒng le	kàndǒng le		méi tīngdǒng	méi kàndǒng
～到	看到 了	找到 了	➡	没 看到	没 找到
dào	kàndào le	zhǎodào le		méi kàndào	méi zhǎodào
～饱	吃饱 了		➡	没 吃饱	
bǎo	chībǎo le			méi chībǎo	

懂 dǒng　わかる
到 dào　いたる
饱 bǎo
(お腹が)いっぱい
厉害 lìhai　すごい

你 真 厉害! 你 能 听懂 老师 说 的 话。
Nǐ zhēn lìhai! Nǐ néng tīngdǒng lǎoshī shuō de huà.

練習 日本語の意味になるように単語を並べ替えなさい。

1 没 话 我 老师的 听懂 （私は先生の話がわかりませんでした。）

＿＿＿＿＿＿＿＿＿＿＿＿＿＿＿＿＿

2 了 书 找到 我 汉语 （私は中国語の本を見つけました。）

＿＿＿＿＿＿＿＿＿＿＿＿＿＿＿＿＿

総合練習

1 次の日本語の意味に最も合う中国語を①〜④の中から一つ選びなさい。　🔊 90

1 チケット　　　　①　　　　②　　　　③　　　　④

2 映画　　　　　①　　　　②　　　　③　　　　④

3 電話をかける　①　　　　②　　　　③　　　　④

2 問題を聞いて、正しい答えを選びなさい。　🔊 91

1 A 看电影　　　B 去学校　　　C 去超市　　　D 去食堂

2 A 汉语书　　　B 电影票　　　C 午饭　　　　D 英语书

3 A 学习　　　　B 看电影　　　C 打电话　　　D 去食堂

3 音声を聞いて、下線部に中国語を書きなさい。　🔊 92

A：明天你 ＿＿＿＿ ＿＿＿＿ 吗？

B：我上午有一 ＿＿＿＿ 汉语课，下午 ＿＿＿＿ ＿＿＿＿ 。

A：我明天 ＿＿＿＿ ＿＿＿＿ 课，我们去 ＿＿＿＿ ＿＿＿＿＿＿ 吧。

B：好，明天我下课后给你 ＿＿＿＿ ＿＿＿＿＿＿ ，一起 ＿＿＿＿ ＿＿＿＿＿＿ 。

A：（在手机上操作）我 ＿＿＿＿＿＿ 票了。

B：太好了，谢谢！

4 日本語の意味になるように単語を並べ替えなさい。

1 了　票　我　好　订 （チケットを予約しました。）

＿＿＿＿＿＿＿＿＿＿＿＿＿＿＿＿＿＿＿＿＿＿＿＿＿＿＿＿＿＿＿＿＿＿

2 吃　我们　去　吧　饭 （ご飯を食べに行きましょう。）

＿＿＿＿＿＿＿＿＿＿＿＿＿＿＿＿＿＿＿＿＿＿＿＿＿＿＿＿＿＿＿＿＿＿

右の表を使い、下線部を入れ換えてクラスメイトと会話練習をしなさい。

A：<u>明天</u> 你 有 课 吗?
Míngtiān nǐ yǒu kè ma?

星期二	买东西
星期四	玩儿

B：上午 有， 下午 没有。
Shàngwǔ yǒu, xiàwǔ méiyǒu.

A：那 下午 一起 去 <u>看 电影</u> 吧。
Nà xiàwǔ yìqǐ qù kàn diànyǐng ba.

B：好 啊。
Hǎo a.

---

6 次の日本語を中国語に訳しなさい。

① 授業が終わったら、電話をします。

_____

② 昨日の映画は意味が分かりませんでした。

_____

③ 明日の午後には英語が1コマあります。

_____

---

7 下の語群から（　）に入る適切な語句を選び、日本語に訳しなさい。

有　好　给　没　打

① 今天中午我（　　　　）你发邮件。

② 明天下午我（　　　　）汉语课。

③ 我做（　　　　）饭了。

④ 星期六我（　　　　）有课。

⑤ 请等一下，我去（　　　　）电话。

中午 zhōngwǔ　昼

故事成語 **3**

朝三暮四 《庄子》
zhāo sān mù sì　　Zhuāngzǐ

朝三暮四『荘子』

目の前の違いに心を奪われて、
結果が同じであることに気づかないこと。

❶ 狙公：猴子 们，每天 早上 给 你们 三 颗 橡子，晚上 四 颗 好 不 好?
　　　Jūgōng　Hóuzi men, měitiān zǎoshang gěi nǐmen sān kē xiàngzi, wǎnshang sì kē hǎo bù hǎo?

　　（猿君、橡の実を朝に3つ、夕方に4つあげようかと思うのだけど、どうかな？）

❷ 猴子们：不 行! 不 行!　（いやだ！いやだ！）
　　　Hóuzimen　Bù xíng! Bù xíng!

❸ 狙公：那 每天 早上 给 你们 四 颗，晚上 三 颗，怎么样?
　　　Nà měitiān zǎoshang gěi nǐmen sì kē, wǎnshang sān kē, zěnmeyàng?

　　（それなら、朝に4つ、夕方に3つはどう？）

❹ 猴子们：太 好 了! 谢谢 你!　（それがいい！ありがとう！）
　　　　　　Tài hǎo le! Xièxie nǐ!

第 8 课

Dì bā kè

我在电影院前面等你。

Wǒ zài diànyǐngyuàn qiánmiàn děng nǐ.

到達目標
①所在を言う、尋ねる
②道案内をする

🔊 93

日本語訳を書きましょう

田中：明天 我 在 电影院 前面 等 你。
　　　Míngtiān wǒ zài diànyǐngyuàn qiánmiàn děng nǐ.
_____

张 ：电影院 离 车站 远 吗?
　　　Diànyǐngyuàn lí chēzhàn yuǎn ma?
_____

田中：很 近，从 电影院 到 车站
　　　Hěn jìn, cóng diànyǐngyuàn dào chēzhàn
_____

　　　只 要 五 分钟。
　　　zhǐ yào wǔ fēnzhōng.
_____

张 ：车站 附近 有 百货 商店 吗?
　　　Chēzhàn fùjìn yǒu bǎihuò shāngdiàn ma?
_____

田中：有 一 家。在 车站 旁边。
　　　Yǒu yì jiā. Zài chēzhàn pángbiān.
_____

张 ：看 完 电影 以后，
　　　Kànwán diànyǐng yǐhòu,
_____

　　　我 想 去 一下儿 百货 商店。
　　　wǒ xiǎng qù yíxiàr bǎihuò shāngdiàn.
_____

生词 shēngcí

🔊 94

1 在 zài 介 ～に、～で
2 电影院 diànyǐngyuàn 名 映画館
3 前面 qiánmiàn 名 前、前方
4 等 děng 動 待つ
5 离 lí 介 (隔たりを示す) …から(…まで)
6 车站 chēzhàn 名 駅、バス停
7 近 jìn 形 近い
8 从 cóng 介 (時や場所の起点を導く)～から
9 到 dào 介 ～まで 動 到着する、到達する
10 只 zhǐ 副 ～だけ

11 要 yào 動 (時間が)かかる
12 分钟 fēnzhōng 量 ～分間、分
13 附近 fùjìn 名 近く、附近
14 百货商店 bǎihuòshāngdiàn 名 デパート
15 家 jiā 量 ～軒(建物を数える)
16 旁边 pángbiān 名 そば、隣
17 完 wán 動 終わる、終える
18 以后 yǐhòu 名 そのあと、今後
19 一下 (儿) yíxià(r) 量 (動詞の後ろに置き)ちょっと と(～する)

1 存在を表す "有"

 ● 95

場所 ＋ "有" ＋ もの・人

桌子 上 有 一 本 汉语 书。
Zhuōzǐ shang yǒu yì běn Hànyǔ shū.

教室 里 有 三 个 学生。
Jiàoshì li yǒu sān ge xuésheng.

房间 里 没有 人。
Fángjiān li méiyǒu rén.

> 上 shang 〜の上
> 教室 jiàoshì 教室
> 里 lǐ 〜の中
> 房间 fángjiān 部屋

2 所在を表す "在"

● 96

もの・人 ＋ "在" ＋ 場所

我 的 汉语 书 在 桌子 上。
Wǒ de Hànyǔ shū zài zhuōzi shang.

银行 在 邮局 旁边。
Yínháng zài yóujú pángbiān.

你 在 哪儿?
Nǐ zài nǎr?

> 银行 yínháng 銀行
> 邮局 yóujú 郵便局

練習 下の語群から（　）に入る適切な語句を選び、日本語に訳しなさい。

有　　在

1 电影院(　　　)车站旁边。

2 我家附近没(　　　)超市。

3 那儿(　　　)一家咖啡店。

4 你们大学(　　　)哪儿?

> 咖啡店 kāfēidiàn
> 喫茶店
> 大学 dàxué　大学

3 前置詞 "在"

● 97

主語 ＋ "在" 場所 ＋ 述語 ＋（目的語）

肯定　我 在 图书馆 看 书。
Wǒ zài túshūguǎn kàn shū.

否定　我 不 在 食堂 吃 饭。
Wǒ bú zài shítáng chī fàn.

練習 日本語の意味になるように単語を並べ替えなさい。

1 休息　想　家　在　我 （私は家で休みたいです。）

休息 xiūxi　休む

_____

2 我　不　图书馆　在　学习 （私は図書館で勉強しません。）

_____

4 "A离B" "从A到B"　　AとBの空間・時間の隔たりを表す　　🔊 98

**　　A　　"离"　　B　＋ 形容詞**

肯定　我　家　离　车站　很　近。
　　　Wǒ　jiā　lí　chēzhàn　hěn　jìn.

否定　我　家　离　学校　不　远。
　　　Wǒ　jiā　lí　xuéxiào　bù　yuǎn.

疑問　你　家　离　车站　远　吗?
　　　Nǐ　jiā　lí　chēzhàn　yuǎn　ma?

　　　你　家　离　车站　远　不　远?
　　　Nǐ　jiā　lí　chēzhàn　yuǎn　bu　yuǎn?

"从"　A　"到"　B　＋ 動詞

　　　从　我家　到　学校　要　一　个　小时。
　　　Cóng　wǒ jiā　dào　xuéxiào　yào　yí　ge　xiǎoshí.

　　　从　第一课　到　第八课　学了　两　个　月。
　　　Cóng　dì yī kè　dào　dì bā kè　xuéle　liǎng　ge　yuè.

疑問　从　你家　到　车站　要　多长　时间?
　　　Cóng　nǐ jiā　dào　chēzhàn　yào　duōcháng　shíjiān?

※ "从" は起点「～から」、"到" は終点「～まで」を表す。

練習 日本語の意味になるように単語を並べ替えなさい。

1 很　车站　远　学校　离

（学校から駅までは遠いです。）

_____

2 两个　机场　我家　从　小时　要　到

机场 jīchǎng　空港

（私の家から空港まで2時間かかります。）

_____

1 次の日本語の意味に最も合う中国語を①〜④の中から一つ選びなさい。　🔊 99

① 駅・バス停　　　　① 　　　② 　　　③ 　　　④

② そば・隣　　　　　① 　　　② 　　　③ 　　　④

③ 映画館　　　　　　① 　　　② 　　　③ 　　　④

2 問題を聞いて、正しい答えを選びなさい。　🔊 100

① A 在电影院　　B 等你　　　C 明天　　　D 在电影院前面

② A 很远　　　　B 五分钟　　C 五天　　　D 很近

③ A 车站　　　　B 电影院　　C 百货商店　D 银行

3 音声を聞いて、下線部に中国語を書きなさい。　🔊 101

A：明天我 ＿＿＿ 电影院前面 ＿＿＿ 你。

B：电影院 ＿＿＿ 车站 ＿＿＿ 吗？

A：很近，＿＿＿ 电影院 ＿＿＿ 车站 ＿＿＿ ＿＿＿ 五分钟。

B：车站 ＿＿＿＿＿ ＿＿＿ 百货商店吗？

A：有 ＿＿＿ ＿＿＿ 。＿＿＿ 车站 ＿＿＿＿＿ 。

B：看完电影 ＿＿＿＿＿ ，我想去 ＿＿＿＿＿＿ 百货商店。

4 日本語の意味になるように単語を並べ替えなさい。

① 休息　想　我　一下儿 （私はちょっと休みたいです。）

＿＿＿＿＿＿＿＿＿＿＿＿＿＿＿＿＿＿＿＿＿＿＿＿＿＿＿

② 有　超市　车站　吗　附近 （駅の近くにスーパーはありますか？）

＿＿＿＿＿＿＿＿＿＿＿＿＿＿＿＿＿＿＿＿＿＿＿＿＿＿＿

5 右の語群を使い、下線部を入れ換えてクラスメイトと会話練習をしなさい。

A：你 家 离 <u>车站</u> 远 吗?
　　Nǐ jiā lí chēzhàn yuǎn ma?

　　　　　　　　　　　　这儿　　地铁站　　机场　　酒店
　　　　　　　　　　　　近　　远

B：很 远。
　　Hěn yuǎn.

A：从 <u>你 家</u> 到 <u>车站</u> 要 多长 时间?
　　Cóng nǐ jiā dào chēzhàn yào duōcháng shíjiān?

　　　　　　　　　十分钟　　一个小时

B：<u>十五 分钟</u>。
　　Shíwǔ fēnzhōng.

地铁站 dìtiězhàn
地下鉄駅
酒店 jiǔdiàn　ホテル

6 次の日本語を中国語に訳しなさい。

① 大学は駅から遠いですか?

_____

② 私は映画館の前で待ちます。

_____

③ 私は授業が終わった後ちょっと図書館に行きたいです。

_____

7 下の語群から(　　)に入る適切な語句を選び、日本語に訳しなさい。

　　　　在　　一下儿　　离　　有　　从

① 我们公司(　　　　　)很多外国人。

② 便利店(　　　　　)学校旁边。

③ 我可以看(　　　　　)你的书吗?

④ 我们明天(　　　　　)北京出发。

⑤ 我家(　　　　　)机场很远。

公司 gōngsī　会社
外国人 wàiguórén
外国人
便利店 biànlìdiàn
コンビニ
可以 kěyǐ
～してもよい
北京 Běijīng　北京
出发 chūfā　出発する

閑話休題 **4**

中国の伝統的な祝日　その三 "春节"
Chūnjié

春節

"春节"（春節）とは旧暦の正月のことであり、中国では最も重要な祝日として、新暦
Chūnjié
の正月より盛大に祝われます。春節の時期には離れて暮らす家族が故郷に集まり、街
は賑やかな雰囲気に包まれます。

また家の中や玄関先には中国で縁起の良い色とされている赤い飾りを付けます。

例えば、"春联"（赤い紙に縁起の良い対句を書いたもの）や "福"（福）の文字が飾
chūnlián fú
られ、新しい年の幸せを願います。（「福が到来するよう
に」という願いを込めて「福」の字を逆さにして貼る風
習があります。）また春節
のお祝いとして、子どもた
ちにお年玉をあげたり、街
では爆竹や花火を打ち上げ
たり、獅子舞いが行われた
りと賑やかです。

春節の前日は "除夕"（大晦日）と言います。
chúxī
大晦日には家族そろって "年夜饭" という特別
niányèfàn
な料理を食べます。地方によってその内容は
異なりますが、一般的に "鸡"（鶏）（「吉」と
jī
発音が近いため）や "鱼"（魚）（「余」と同
yú
音で、「余裕がある」を意味する）や "饺子"（餃子）など縁起の良い料理を食べなが
jiǎozi
ら家族団欒の時間を楽しみます。

第 9 课

Dì jiǔ kè

这件多少钱?

Zhè jiàn duōshao qián?

到達目標
①買いたいものを伝える
②値段を尋ねる、言う

発音

🔊 102

日本語訳を書きましょう

田中：你 想 买 什么?
　　　Nǐ xiǎng mǎi shénme?

_____

张 ：我 想 买 一 件 毛衣。
　　Wǒ xiǎng mǎi yí jiàn máoyī.

_____

田中：这 件 怎么样?
　　　Zhè jiàn zěnmeyàng?

_____

张 ：很 好看。这 件 多少 钱?
　　Hěn hǎokàn. Zhè jiàn duōshao qián?

_____

田中：七千五百 日元（7,500 日元）。
　　　Qīqiānwǔbǎi　Rìyuán.

_____

张 ：太 贵 了, 那 件 比 这 件 便宜。
　　Tài guì le, nà jiàn bǐ zhè jiàn piányi.

_____

田中：这 件 颜色 好看,
　　　Zhè jiàn yánsè hǎokàn,

_____

　　　去 学校 时 也 可以 穿。
　　　qù xuéxiào shí yě kěyǐ chuān.

_____

张 ：那 我 试试 吧。
　　Nà wǒ shìshi ba.

_____

生词 shēngcí

🔊 103

1 毛衣 máoyī 名 セーター

2 怎么样 zěnmeyàng 代 どうですか

3 好看 hǎokàn 形 綺麗である

4 多少 duōshao 代 いくつ、いくら

5 钱 qián 名 お金

6 日元 Rìyuán 名 日本円

7 贵 guì 形 (値段が)高い

8 比 bǐ 前 ～より

9 便宜 piányi 形 安い

10 颜色 yánsè 名 色

11 可以 kěyǐ 助動 できる、してもよい

12 穿 chuān 動 着る、穿く

13 那 nà 接 それでは、じゃあ

14 试 shì 動 試す

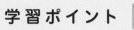

学習ポイント

1 比較の表現 "A比B"＋形容詞　　AはBより〜　　　　🔊 104

今天 比 昨天 冷。
Jīntiān bǐ zuótiān lěng.

这件 衣服 比 那件 好看。
Zhè jiàn yīfu bǐ nà jiàn hǎokàn.

他 比 我 大 两 岁。
Tā bǐ wǒ dà liǎng suì.

你 比 我 聪明 多 了。
Nǐ bǐ wǒ cōngming duō le.

大 dà　大きい、年上
没有 méiyǒu
〜程ではない
高 gāo　高い

否定 A"没有"B＋形容詞　　AはBほど〜ない

我 没有 他 高。
Wǒ méiyǒu tā gāo.

練習 次の日本語を中国語に訳しなさい。

1 弟は兄ほど背が高くない。

_____

2 私は彼より3つ歳上です。

_____

2 助動詞 "可以"　　〜できる　　　　🔊 105

今天 可以 休息。
Jīntiān kěyǐ xiūxi.

这儿 可以 照相 吗?
Zhèr kěyǐ zhàoxiàng ma?

否定 你 今天 不 能 开车。
Nǐ jīntiān bù néng kāichē.

不 可以 在 图书馆 里 吃饭。
Bù kěyǐ zài túshūguǎn li chīfàn.

※ "不可以＋動詞"「〜してはいけない」禁止を表す

練習 次の日本語を中国語に訳しなさい。

1 一緒に行ってもいいですか?

_____

2 ここで写真を撮ってもいいですか?

_____

3 動詞の重ね方　ちょっと、少し〜する 🔊 106

你　看看　这个。
Nǐ　kànkan　zhège.

你　尝(一)尝。
Nǐ　cháng(yi) cháng.

尝 cháng　味見する

練習 次の日本語を中国語に訳しなさい。

1 ちょっと言ってみてください。

说 shuō　言う

_____

2 ちょっと試してみます。

_____

4 "几""多少"　いくつ 🔊 107

你　家　有　几　口　人?
Nǐ　jiā　yǒu　jǐ　kǒu　rén?

教室　里　有　多少　(个)　学生?
Jiàoshì　li　yǒu　duōshao　ge　xuésheng?

你　想　买　多少?
Nǐ　xiǎng　mǎi　duōshao?

練習 日本語の意味になるように単語を並べ替えなさい。

1 书　桌子　有　几　上　本 （テーブルに本は何冊ありますか?）

_____

2 学生　多少　你们　有　个　大学 （あなたたちの大学には学生が何人いますか?）

_____

1 次の日本語の意味に最も合う中国語を①～④の中から一つ選びなさい。　🔊 108

1　セーター　　　　①　　　　②　　　　③　　　　④

2　安い　　　　　①　　　　②　　　　③　　　　④

3　いくらですか?　①　　　　②　　　　③　　　　④

2 問題を聞いて、正しい答えを選びなさい。　🔊 109

1　A 5005日元　　　B 5050日元　　　C 5500日元　　　D 6005日元

2　A 听　　　　　　B 买　　　　　　C 看　　　　　　D 试

3　A 看手机　　　　B 上课　　　　　C 看电视　　　　D 吃饭

3 音声を聞いて、下線部に中国語を書きなさい。　🔊 110

A：你想买什么?

B：我想买 _____ _____ _____ 。

A：这件 _____ ?

B：很好看。这件 _____ _____ ?

A：七千五百日元(7,500日元)。

B：太贵了，那件 _____ 这件 _____ 。

A：这件颜色 _____ ，去学校时也 _____ 穿。

B：那我 _____ 吧。

4 日本語の意味になるように単語を並べ替えなさい。

1　这个　好看　那个　比　(これはあれよりきれいです。)

_____

2　件　钱　衣服　这　多少　(この服はいくらですか?)

_____

右の語群を使い、下線部を入れ換えてクラスメイトと会話練習をしなさい。

A：这 件 毛衣 多少 钱?
　　Zhè jiàn máoyī duōshao qián?

B：＿＿298＿＿ 块。
　　Liǎngbǎijiǔshíbā kuài.

A：太 贵 了。便宜 点儿 吧。
　　Tài guì le. Piányi diǎnr ba.

B：好 吧，＿＿280＿＿ 块 怎么样?
　　Hǎo ba, Liǎngbǎibāshí kuài zěnmeyàng?

A：我 要 这件。
　　Wǒ yào zhèjiàn.

| 这个手机 | 2900块 | 这个 |
| 这双鞋 | 1300块 | 这双 |

块 kuài　中国元
双 shuāng　～足
鞋 xié　靴

---

6 次の日本語を中国語に訳しなさい。

① 図書館ではインターネットに接続することができます。

＿＿＿＿＿＿＿＿＿＿＿＿＿＿＿＿＿＿＿＿＿＿＿

上网 shàngwǎng
インターネットに接続
する

② その本はいくらですか?

＿＿＿＿＿＿＿＿＿＿＿＿＿＿＿＿＿＿＿＿＿＿＿

③ 今日は昨日より暑いです。

＿＿＿＿＿＿＿＿＿＿＿＿＿＿＿＿＿＿＿＿＿＿＿

---

7 下の語群から( )に入る適切な語句を選び、日本語に訳しなさい。

多少钱　　便宜　　比　　可以　　试试

① 我想（　　　　）这件衣服。

② 我（　　　　）给他打电话吗?

③ 那个手机（　　　　）?

④ 这个手机（　　　　）那个贵。

⑤ 那件衣服太贵了，（　　　　）点儿吧。

閑話休題 5

"中国菜"
Zhōngguócài

中華料理

　中国にはその風土を生かした地方ごとに異なる料理が存在します。中国全土を東西南北に分け、北京料理、上海料理、広東料理、四川料理と大きく四つに分類されています。

　北京料理は小麦や肉類を多く使うことが特徴です。代表料理の一つである"北京烤鸭"（北京ダック）は
Běijīng kǎoyā
日本でも広く知られています。ほかに"羊肉火锅"（羊
yángròuhuǒguō
肉のしゃぶしゃぶ）や"羊肉串"（羊肉の串焼き）、
yángròuchuàn
水餃子などが挙げられます。

　上海料理は米を用いた料理が多く、また海に面しているので"大闸蟹"（淡水のカニ）や魚介類がよく使われ、
dàzháxiè
甘酸っぱい、あっさりとした味つけの料理が特徴です。日本では馴染みのある豚の角煮や"小笼包"（小籠包）
xiǎolóngbāo
など味つけが濃厚な料理もあります。

　広東料理は海鮮や
野菜の旨みを活かした
やさしい味付けが特徴
です。代表的な料理は

"鱼翅"（フカヒレ）の姿煮、"烧卖"（シュウマイ）、
yúchì　　　　　　　　　　　　　　　shāomài
"馄饨"（ワンタン）などが挙げられます。
húntún

　四川料理は"麻辣"と呼ばれる痺れるような辛さが
m) málà
特徴です。"麻婆豆腐"（麻婆豆腐）や"担担面"（担々
mápó dòufu　　　　　　　　　dàndànmiàn
麺）、"火锅"（火鍋）などがその代表です。
huǒguō

第 10 课 我有点儿发烧。

Dì shí kè

Wǒ yǒudiǎnr fāshāo.

到達目標 ①電話でのやり取り
②体調について尋ねる、言う

発音

1
2
3
4
5
6
7
8
9
10
11
12

🔊 111

日本語訳を書きましょう

张 ：喂，你 在 做 什么？
　　Wéi, nǐ zài zuò shénme?

_____

田中：我 在 睡觉。
　　Wǒ zài shuìjiào.

_____

张 ：你 怎么 了？
　　Nǐ zěnme le?

_____

田中：我 头 疼，还 有点儿 发烧。
　　Wǒ tóu téng, hái yǒudiǎnr fāshāo.

_____

张 ：你 有 药 吗？
　　Nǐ yǒu yào ma?

_____

　　我 给 你 一点儿 感冒 药 吧。
　　Wǒ gěi nǐ yìdiǎnr gǎnmào yào ba.

_____

田中：我 有 药，已经 吃 了。
　　Wǒ yǒu yào, yǐjīng chī le.

_____

张 ：好 一点儿 了 吗？
　　Hǎo yìdiǎnr le ma?

_____

田中：吃 药 以后 睡 得 很 好，
　　Chī yào yǐhòu shuì de hěn hǎo,

_____

　　已经 好 多 了。
　　yǐjīng hǎo duō le.

_____

生词 shēngcí

🔊 112

1 喂 wéi 感 もしもし

2 睡(觉) shuì//jiào 動 寝る

3 怎么 zěnme 代 なぜ、どう

4 头 tóu 名 頭

5 疼 téng 形 痛い

6 还 hái 副 また、ほかに、まだ

7 有点儿 yǒudiǎnr 副 （望ましくないことについて）
　少し

8 发烧 fā//shāo 動 発熱する

9 药 yào 名 薬

10 给 gěi 動 与える、あげる

11 一点儿 yìdiǎnr 量 少し

12 感冒 gǎnmào 名 風邪

13 已经 yǐjīng 副 既に、もう

14 得 de 助 動詞・形容詞の後に置き、様態・程度
　を表す補語を導く

15 ～多了 duō le 組 ずっと～

学習ポイント

1 "有点儿"と"一点儿" 二つの少し ◀)) 113

"有点儿" ＋ 形容詞（マイナスなイメージ）

有点儿	难
yǒudiǎnr	nán

有点儿	远
yǒudiǎnr	yuǎn

動詞・形容詞 ＋ "一点儿" ※ 話し言葉ではよく"一"を省略する。

喝	一点儿
hē	yìdiǎnr

好	一点儿
hǎo	yìdiǎnr

練習 下の語群から（　）に入る適切な語句を選びなさい。

有点儿　　一点儿

1 这件衣服(　　　)贵。

2 你想吃(　　　)什么?

3 今天(　　　)冷。

4 头疼好(　　　)了。

2 二重目的語をとる動詞 "给""教""告诉" ◀)) 114

動詞 ＋ 目的語₁（人）＋ 目的語₂（もの／こと）

他	给	我	一 本 汉语 书。
Tā	gěi	wǒ	yì běn Hànyǔ shū.

谁	教	你们	汉语?
Shéi	jiāo	nǐmen	Hànyǔ?

请	告诉	我	你 的 名字。
Qǐng	gàosu	wǒ	nǐ de míngzi.

教 jiāo　教える
告诉 gàosu　告げる

練習 日本語の意味になるように単語を並べ替えなさい。

1 我们　教　汉语　李老师 （李先生は私たちに中国語を教えています。）

_____

2 一个　给　我　她　生日礼物 （彼女は私に誕生日プレゼントをくれました。）

礼物 lǐwù　プレゼント

_____

3 | 様態補語　　〜するのが〜だ　　◀ 115

（動詞）＋ 目的語 ＋ 動詞 ＋ "得" ＋ 副詞 ＋ 形容詞

你 Nǐ			吃 chī	得 de	很 hěn	快。 kuài.
你 Nǐ	（吃） chī	饭 fàn	吃 chī	得 de	很 hěn	快。 kuài.
他 Tā			做 zuò	得 de	很 hěn	好。 hǎo.
他 Tā	（做） zuò	菜 cài	做 zuò	得 de	很 hěn	好。 hǎo.
她 Tā			说 shuō	得 de	很 hěn	流利。 liúlì.
否定 她 Tā	（说） shuō	汉语 Hànyǔ	说 shuō	得 de	不 bù	流利。 liúlì.

菜 cài　料理
流利 liúlì　流暢である

練習 日本語の意味になるように単語を並べ替えなさい。

1 滑雪　她　很　得　滑　好（彼女はスキーが上手です。）

_____

2 不　我　说　汉语　好　得（私は中国語を話すのが上手ではありません。）

_____

1 次の日本語の意味に最も合う中国語を①〜④の中から一つ選びなさい。　🔊 116

1 どうしましたか？　　　　　①　　　②　　　③　　　④

2 何をしていますか？　　　　①　　　②　　　③　　　④

3 ちょっとよくなりました。　①　　　②　　　③　　　④

2 問題を聞いて、正しい答えを選びなさい。　🔊 117

1 A 很厉害　　B 发烧了　　C 有点儿疼　　D 很好

2 A 已经去了　　B 吃饭了　　C 吃了　　D 没吃

3 A 买书　　B 去图书馆　　C 看电影　　D 看书

3 音声を聞いて、下線部に中国語を書きなさい。　🔊 118

A：喂，你在 _____ _____ ？

B：我 _____ _____ 。

A：你 _____ ___ ？

B：我 _____ ____ ，还 _____ 发烧。

A：你 _____ ____ 吗？我 ____ 你 _____ _____ _____ 吧。

B：我有 _____ ，_____ 吃了。

A：好 _____ 了吗？

B：吃药 _____ 睡 ____ 很好，已经好 _____ ____ 。

4 日本語の意味になるように単語を並べ替えなさい。

1 很　游泳　她　得　好　游 （彼女は水泳が得意です。）

_____

2 已经　一点儿　了　我　好 （私は少し元気になりました。）

_____

5 右の語群を使い、下線部を入れ換えてクラスメイトと会話練習をしなさい。

① A：你 想 给 她 什么 生日 礼物?
　　Nǐ xiǎng gěi tā shénme shēngrì lǐwù?

一本小说　　一盒点心　　一条裙子

B：我 想 给 她 一 束 花。
　　Wǒ xiǎng gěi tā yí shù huā.

累　　热　　冷

② A：你 怎么 了?
　　Nǐ zěnme le?

B：有点儿 忙。
　　Yǒudiǎnr máng.

束 shù　束
花 huā　花
盒 hé
　ケース・箱
点心 diǎnxīn
　お菓子・おやつ
条 tiáo
　細長い物を数える量詞
裙子 qúnzi　スカート

6 次の日本語を中国語に訳しなさい。

① 彼女は何をしていますか?

_____

② 私はだいぶよくなりました。

_____

③ 今日は頭がちょっと痛いです。

_____

7 下の語群から(　)に入る適切な語句を選び、日本語に訳しなさい。

还　　得　　已经　　有点儿　　一点儿

① 今天凉快(　　　)了。

② 这件衣服(　　　)贵。

③ 他滑雪滑(　　　)很好。

④ 她们(　　　)回家了。

⑤ 我头疼,(　　　)有点儿发烧。

凉快 liángkuai
涼しい
回家 huí//jiā
家に帰る

温故知新《论语》
wēn gù zhī xīn　　Lúnyǔ

温故知新『論語』

前に学んだことや昔の事柄をもう一度調べたり
考えたりすることで、新しい知識や道理が得られること。

❶ 小猫：老师，这 本 书 你 以前 看过 吧? （先生、この本は昔に読まれましたよね。）
　　　Xiǎomāo Lǎoshī,　zhè běn shū nǐ　yǐqián kànguo ba?

❷ 孔子：看过。（読みましたね。）
　　　Kǒngzǐ Kànguo.

　　小猫：那 为什么 还 要 再 看 呢? （じゃあ、どうしてまた読むのですか?）
　　　　　Nà wèishénme hái yào zài kàn ne?

❸ 孔子：温习 旧 的 知识，会 学到 新 的 东西。
　　　　　Wēnxí jiù de zhīshì,　huì xuédào xīn de dōngxi.

　　（前に学んだことをもう一度勉強することで、新しい知識が得られるのですよ。）

❹ 小猫：原来 如此，那 我 也 要 复习! （なるほど!じゃあ、私も復習します。）
　　　　　Yuánlái rúcǐ,　nà wǒ yě yào fùxí!

第11课 你看过这部电视剧吗?

Dì shíyī kè

Nǐ kànguo zhè bù diànshìjù ma?

到達目標
① 経験を述べる
② したことについて説明する

発音

🔊 119

日本語訳を書きましょう

张 ：你 看过 这 部 电视剧 吗?
Nǐ kànguo zhè bù diànshìjù ma?

_____

田中：我 还 没 看过,
Wǒ hái méi kànguo,

_____

但是 听说 这 部 剧 很 有 人气。
Dànshì tīngshuō zhè bù jù hěn yǒu rénqì.

_____

张 ：你 也 应该 看看, 特别 有 意思。
Nǐ yě yīnggāi kànkan, tèbié yǒu yìsi.

_____

田中：你 是 什么 时候 看 的?
Nǐ shì shénme shíhou kàn de?

_____

张 ：最近 看 的,
Zuìjìn kàn de,

_____

我 已经 看了 两 遍 了。
wǒ yǐjīng kànle liǎng biàn le.

_____

田中：我 喜欢 这 部 剧 的 女演员。
Wǒ xǐhuan zhè bù jù de nǚyǎnyuán.

_____

张 ：我 也 喜欢,
Wǒ yě xǐhuan,

_____

她 演 的 我 都 很 喜欢。
tā yǎn de wǒ dōu hěn xǐhuan.

_____

田中：真 的 啊! 我 也 是。
Zhēn de a! Wǒ yě shì.

_____

生词 shēngcí

🔊 120

1. 过 guo 助 〜したことがある
2. 部 bù 量 書籍、映画作品などを数える
3. 电视剧 diànshìjù 名 テレビドラマ
4. 但是 dànshì 接 しかし、でも
5. 听说 tīng//shuō 聞くところによると、〜だそうだ
6. 剧 jù 名 劇、テレビドラマ
7. 人气 rénqì 名 人気
8. 应该 yīnggāi 助動 〜べきである
9. 特别 tèbié 副 とりわけ、とても
10. 什么时候 shénme shíhou いつ
11. 最近 zuìjìn 名 最近
12. 遍 biàn 量 回
13. 女演员 nǚyǎnyuán 名 女優
14. 演 yǎn 动 演じる
15. 真的 zhēn de 本当に
16. 啊 a 感 感嘆を表す

学習ポイント

1 経験を表す"过"　　〜したことがある 121

動詞＋"过"＋（目的語）

他	吃过	饺子。
Tā	chīguo	jiǎozi.

我	去过	北海道。
Wǒ	qùguo	Běihǎidào.

否定　"没"＋動詞＋"过"＋（目的語）

他	没	唱过	中国歌。
Tā	méi	chàngguo	Zhōngguógē.

他	没	包过	饺子。
Tā	méi	bāoguo	jiǎozi.

北海道 Běihǎidào
北海道
包 bāo　包む

練習　次の日本語を中国語に訳しなさい。

1 彼の妹に会ったことがありません。

_____

2 彼は中国語を勉強したことがあります。

_____

2 助詞"的"②　　名詞を修飾する　　122

動詞フレーズ＋"的"＋ 名詞

我	买	的	乌龙茶	很	好喝。
Wǒ	mǎi	de	wūlóngchá	hěn	hǎohē.

Cf：我买乌龙茶。

昨天	看	的	电影	很	有	意思。
Zuótiān	kàn	de	diànyǐng	hěn	yǒu	yìsi.

这	是	我	买	的。
Zhè	shì	wǒ	mǎi	de.

※ 文脈の中で何を指しているかが明確な場合は"的"の後ろの名詞を省略できる。

練習 次の日本語を中国語に訳しなさい。

1 姉が作ったご飯は美味しい。

_____

2 これは私が買った本です。

_____

3 **"是〜動詞＋的"構文** 〜たのです、〜した 🔊 123

（是）	〜	動詞＋的

你 **（是）** 什么 时候　　去 **的**？
Nǐ shì shénme shíhou　　qù de?

我 **（是）** 昨天　　　　去 **的**。（時間）
Wǒ shì zuótiān　　　　qù de.

你 **（是）** 怎么　　　　去 **的**？
Nǐ shì zěnme　　　　qù de?

我 **（是）** 坐 电车　　去 **的**。（手段）
Wǒ shì zuò diànchē　　qù de.

我 **（是）** 和 朋友 一起 去 **的**。（人物）
Wǒ shì hé péngyou yìqǐ qù de.

这 本 书 **（是）** 在 东京 买 **的**。（場所）
Zhè běn shū shì zài Dōngjīng mǎi de.

电车 diànchē　電車

否定 **不 是 〜 動詞＋的**

我 **不 是** 一个 人 来 **的**。
Wǒ bú shì yíge rén lái de.

※ すでに発生したことについて、「いつ／誰が／どこで／どのように」など、強調する部分を
"是〜動詞＋的"の間に置いて表現します。"是"は（話し言葉の場合）省略することが可能ですが、
否定の場合は必ず"不是〜動詞＋的"になります。

練習 次の日本語を中国語に訳しなさい。

1 私は去年来たのです。

_____

2 私は友達と食べたのです。

_____

総合練習

1 次の日本語の意味に最も合う中国語を①～④の中から一つ選びなさい。　🔊 124

1　とりわけ、とても　　　①　　　　②　　　　③　　　　④

2　2回　　　　　　　　　①　　　　②　　　　③　　　　④

3　～べきである　　　　　①　　　　②　　　　③　　　　④

2 問題を聞いて、正しい答えを選びなさい。　🔊 125

1　A 一遍　　B 两遍　　C 三遍　　D 四遍

2　A 昨天　　B 今天　　C 前天　　D 后天

3　A 日本　　B 中国　　C 美国　　D 北京

前天 qiántiān　一昨日

3 音声を聞いて、下線部に中国語を書きなさい。　🔊 126

A：你看 _____ 这部电视剧吗？

B：我还没 _____，但是 _____ 这部剧很 ____ _____ 。

A：你也 _____ 看看，特别 ____ _____ 。

B：你是 _____ _____ 看的？

A：_____ 看的，我已经看了 ____ ____ 了。

B：我 _____ 这部剧的 _____ 。

A：我也喜欢，她 _____ 的我都很喜欢。

B：真的啊！我也是。

4 日本語の意味になるように単語を並べ替えなさい。

1　这　去年　鞋　买　是　双　的 （この靴は去年買ったのです。）

_____

2　没　饺子　我　包过 （私は餃子を作ったことがありません。）

_____

発音

1

2

3

4

5

6

7

8

9

10

11

12

5 右の語群を使い、下線部を入れ換えてクラスメイトと会話練習をしなさい。

A：你 去过 中国 吗?
Nǐ qùguo zhōngguó ma?

B：去过。
Qùguo.

A：你 是 什么 时候 去 的?
Nǐ shì shénme shíhou qù de?

B：去年 去 的。
Qùnián qù de.

| 看 这本书 | 上个星期 |
| 喝 珍珠奶茶 | 上个月 |

上个星期
shàngge xīngqī　先週
上个月
shàngge yuè　先月

6 次の日本語を中国語に訳しなさい。

① 私は北京ダックを食べたことがありません。

_____

② これは私が新しく買った携帯電話です。

_____

③ 彼女は妹と一緒に行きました。

_____

北京烤鸭
Běijīng kǎoyā
北京ダック

7 下の語群から(　　)に入る適切な語句を選び、日本語に訳しなさい。

不是　　过　　是　　的　　没

① 我看(　　　　)那本书。

② 这是我买(　　　　)礼物。

③ 我(　　　)听过那个人。

④ 我(　　　)坐电车来的，骑自行车来的。

⑤ 她(　　　)一个人去的。

骑 qí 乗る
自行车 zìxíngchē
自転車

1 これから読まれる単語の発音と一致するものを、①〜④の中から1つ選びなさい。　🔊127

1	① xī	② jì	③ qù	④ jū
2	① qiān	② jiān	③ xiān	④ jiāng
3	① cuān	② chuān	③ suān	④ zuān

2 以下のピンイン表記と一致するものを、①〜④の中から1つ選びなさい。　🔊128

4	wǎnshang	①	②	③	④
5	chīfàn	①	②	③	④
6	diànhuà	①	②	③	④

3 以下の日本語を中国語で言い表す場合、最も適当なものを、①〜④の中から1つ選びなさい。　🔊129

7	今日	①	②	③	④
8	買物をする	①	②	③	④
9	きれいだ	①	②	③	④
10	7時45分	①	②	③	④

4 以下のような場合、中国語ではどのように言うのが最も適当か、①〜④の中から1つ選びなさい。　🔊130

11	初対面の時	①	②	③	④
12	食べたいものを尋ねる時	①	②	③	④
13	名前を尋ねる時	①	②	③	④
14	曜日を確かめる時	①	②	③	④
15	値段を尋ねる時	①	②	③	④

第 12 课 周末你打算做什么?

Dì shíèr kè

Zhōumò nǐ dǎsuan zuò shénme?

到達目標　計画について言う、尋ねる

日本語訳を書きましょう

発音

🔊 131

1　张　：周末 你 打算 做 什么?
Zhōumò nǐ dǎsuan zuò shénme?

_____

2　田中：写 报告。
Xiě bàogào.

_____

3　老师 让 我们 下周 交 报告。
Lǎoshī ràng wǒmen xiàzhōu jiāo bàogào.

_____

4　张　：要 考试 了,我 也 得 复习 功课。
Yào kǎoshì le, wǒ yě děi fùxí gōngkè.

_____

5　田中：你 准备 得 怎么样 了?
Nǐ zhǔnbèi de zěnmeyàng le?

_____

6　张　：我 昨天 刚 开始 复习。
Wǒ zuótiān gāng kāishǐ fùxí.

_____

7　田中：我 能 看看 你 的 笔记 吗?
Wǒ néng kànkan nǐ de bǐjì ma?

_____

8　张　：我 正 用着 呢, 等 一会儿。
Wǒ zhèng yòngzhe ne, děng yíhuìr.

_____

9　田中：你 用完 再 借 我 吧。
Nǐ yòngwán zài jiè wǒ ba.

_____

10

11

12

生词 shēngcí

🔊 132

1 周末 zhōumò 名 週末
2 打算 dǎsuan 動 ～するつもりである
3 写 xiě 動 書く
4 报告 bàogào 名 レポート
5 让 ràng 動 ～させる
6 下周 xiàzhōu 名 来週
7 交 jiāo 動 提出する
8 要…了 yào...le もうすぐ～する
9 考试 kǎoshì 動 試験する
10 得 děi 助動 ～しなければならない

11 复习 fùxí 動 復習する
12 功课 gōngkè 名 宿題などの勉強
13 准备 zhǔnbèi 動 準備する
14 刚 gāng 副 ～したばかり
15 开始 kāishǐ 動 始まる、始める
16 笔记 bǐjì 名 ノート
17 用 yòng 動 使う
18 着 zhe 助 ～している
19 一会儿 yíhuìr 数量 少しの間
20 再 zài 副 それから
21 借 jiè 動 借りる、貸す

1 使役文 AがBに～させる 🔊 133

A ＋ **让** ＋ B ＋ **動詞** ＋ （**目的語**）

妈妈	让	我	学	游泳。
Māma	ràng	wǒ	xué	yóuyǒng.

	让	我	看看	你 的 书。
	ràng	wǒ	kànkan	nǐ de shū.

否定 A ＋ **不 让** ＋ B ＋ **動詞** ＋ （**目的語**）

妈妈	不 让	我	喝	酒。
Māma	bú ràng	wǒ	hē	jiǔ.

練習 日本語の意味になるように単語を並べ替えなさい。

1 做 我 让 晚饭 妈妈 （母は私に夕食を作らせます。）

_____

晚饭 wǎnfàn 夕食

2 去 让 我们 不 她 （彼女は私たちを行かせません。）

_____

2 "要～了" もうすぐ～となる、～しそうだ 🔊 134

"要"＋ **動詞** ＋（**目的語**）＋ **了**

	要	下	雨	了。
	Yào	xià	yǔ	le.

她	要	去	留学	了。
Tā	yào	qù	liúxué	le.

我	要	回	家	了。
Wǒ	yào	huí	jiā	le.

練習 日本語の意味になるように単語を並べ替えなさい。

1 上课 我们 了 要 （私たちはもうすぐ授業を受けます。）

_____

2 中国 要 我 了 留学 去 （私はもうすぐ中国に留学に行きます。）

_____

発音
1
2
3
4
5
6
7
8
9
10
11
12

3 助動詞"得""要"　　"得"〜しなければならない　"要"〜する必要がある　🔊 135

$$\text{"得"} + \text{動詞} + （\text{目的語}）$$

我	明天	得		交	报告。
Wǒ	míngtiān	děi		jiāo	bàogào.

你		得	早点儿	睡觉。	
Nǐ		děi	zǎodiǎnr	shuìjiào.	

早点儿 zǎodiǎnr
少し早く

否定 $\text{"不用"} + \text{動詞} + （\text{目的語}）$

我	不用	交	报告。
Wǒ	búyòng	jiāo	bàogào.

$$\text{"要"} + \text{動詞} + （\text{目的語}）$$

我	周末	要	打工。
Wǒ	zhōumò	yào	dǎgōng.

打工 dǎ//gōng
アルバイトをする

否定 $\text{"不用"} + \text{動詞} + （\text{目的語}）$

我	周末	不用	打工。
Wǒ	zhōumò	búyòng	dǎgōng.

※"得""要"は義務や必要を表す助動詞です。"得"はせざるを得ないというニュアンスが強く、"要"は必要性を強調します。

練習 下の語群から（　　）に入る適切な語句を選びなさい。

得　　要　　不用

1 你们（　　　）在截止日期前交报告。
2 明天（　　　）打工，可以在家休息。
3 你感冒了，（　　　）多喝点儿水。

截止日期 jiézhǐ rìqī
締め切り

4 持続を表す"着"　　🔊 136

$$\text{動詞} + \text{"着"} + （\text{目的語}）$$

他	戴着	帽子。
Tā	dàizhe	màozi.

门	开着。	
Mén	kāizhe.	

戴 dài　かぶる
帽子 màozi　帽子
门 mén　ドア
开 kāi　開く

練習 日本語の意味になるように単語を並べ替えなさい。

1 拿着　她　一本　书（彼女は本を1冊持っています。）

拿 ná　取る・持つ
沙发 shāfā　ソファ
躺 tǎng　横になる

_____

2 沙发　在　上　躺着　他（彼はソファに横たわっています。）

_____

1 次の日本語の意味に最も合う中国語を①～④の中から一つ選びなさい。　🔊 137

1 レポートを提出する　①　　②　　③　　④

2 もうすぐ試験だ　①　　②　　③　　④

3 ちょっと待って　①　　②　　③　　④

2 問題を聞いて、正しい答えを選びなさい。　🔊 138

1 A 上周　　B 下周二　　C 下星期二　　D 下周

2 A 考了　　B 没考　　C 她想考试　　D 在考试

3 A 很长　　B 有点儿长　　C 她喜欢汉语　　D 不长

3 音声を聞いて、下線部に中国語を書きなさい。　🔊 139

A：周末你 ＿＿＿＿＿ 做什么？

B：写报告。老师 ＿＿＿＿ 我们下周 ＿＿＿＿ ＿＿＿＿＿ 。

A：＿＿＿＿ 考试 ＿＿＿＿ ，我也 ＿＿＿＿ 复习功课。

B：你准备得 ＿＿＿＿＿＿ 了？

A：我昨天 ＿＿＿＿ ＿＿＿＿＿ 复习。

B：我 ＿＿＿＿ 看看你的 ＿＿＿＿＿ 吗？

A：我正 ＿＿＿＿＿ 呢，等 ＿＿＿＿＿＿ 。

B：你用 ＿＿＿＿ ＿＿＿＿ 借我吧。

4 日本語の意味になるように単語を並べ替えなさい。

1 我　买　让　妈妈　东西　去　（母は私を買い物に行かせました。）

＿＿＿＿＿＿＿＿＿＿＿＿＿＿＿＿＿＿＿＿＿＿＿＿＿＿＿＿

2 来　他　昨天　刚　日本　（彼は昨日日本に来たばかりです。）

＿＿＿＿＿＿＿＿＿＿＿＿＿＿＿＿＿＿＿＿＿＿＿＿＿＿＿＿

右の語群を使い、下線部を入れ換えてクラスメイトと会話練習をしなさい。

① A：周末 你 打算 做 什么?
　　 Zhōumò nǐ dǎsuan zuò shénme?

写报告　　复习功课　　打工

　　 B：我 要 学习 , 你 呢?
　　　 Wǒ yào xuéxí Nǐ ne?

交报告　　放寒假　　毕业

② A：要 考试 了。
　　 Yào kǎoshì le.

③ B：什么 时候 考试?
　　 Shénme shíhou kǎoshì?

放寒假 fàng hánjià
冬休みになる
毕业 bì//yè　卒業する

6 次の日本語を中国語に訳しなさい。

① あなたは準備がどのぐらい進んでいますか?

_____

② 私が使っているのでちょっと待ってください。

_____

③ 来週も試験を受けなければいけません。

_____

7 下の語群から( )に入る適切な語句を選び、日本語に訳しなさい。

让　　得　　再　　刚　　着

① 她今天穿(　　)一件漂亮的衣服。

② 要考试了，我(　　)在家复习功课。

③ 他(　　)看完这本书。

④ 我上了一天课，(　　)我休息一会儿。

⑤ 我用完(　　)借你。

1 次の中国語の正しいピンイン表記を、①〜④の中から1つ選びなさい。

1 电车 ①diānchē ②diànchē ③tiānchē ④tiànchē

2 便宜 ①pényi ②pényì ③piányi ④piányì

3 学生 ①xiéshēng ②xiéshēn ③xuésheng ④xuéshēn

2 以下の日本語の意味になるように空欄を埋めるとき、最も適当なものを①〜④の中から1つ選びなさい。

4 テーブルに一冊の辞書があります。

桌子上(　　　　　　)一本词典。　①在　　②有　　③也　　④都

5 このリンゴは甘いです。

这个苹果(　　　　　　)甜。　　　①很　　②在　　③有　　④的

6 私はこれを食べます。

我吃(　　　　　　)。　　　　　　①那个　②这　　③这个　④那

3 以下の日本語の意味になるように①〜④を並べ替えたとき、[　　　]内に入るものを選びなさい。

7 彼らもみな中国語を勉強します。　（①学　②都　③也　④汉语）

他们＿＿＿＿＿＿　[＿＿＿＿＿＿]　＿＿＿＿＿＿　＿＿＿＿＿＿。

8 彼女は地下鉄で行きます。　（①去　②坐　③她　④地铁）

＿＿＿＿＿＿　＿＿＿＿＿＿　[＿＿＿＿＿＿]　＿＿＿＿＿＿。

9 学校の前にコンビニがあります。　（①便利店　②一个　③有　④前面）

学校＿＿＿＿＿＿　＿＿＿＿＿＿　[＿＿＿＿＿＿]　＿＿＿＿＿＿。

10 私は9月に中国に留学します。　（①留学　②中国　③九月　④去）

我＿＿＿＿＿＿　＿＿＿＿＿＿　＿＿＿＿＿＿　[＿＿＿＿＿＿]。

4 以下の日本語の下線部を中国語に訳し、**11** は1文字、**12** 〜 **13** は2文字の漢字（簡体字）で書きなさい。

11 a 字を<u>書く</u>。　　　b <u>車</u>を運転する。　　　c <u>遠い</u>

12 <u>お茶</u>を飲む。

13 <u>本</u>を買う。

数字は課数を表す。

果汁儿	guǒzhīr	3

監修者

王学群　　　元東洋大学経営学部　教授

著者（五十音順）

綾部武彦　　東洋大学　非常勤講師
小路口ゆみ　跡見学園大学　兼任講師
劉心苗　　　北京言語大学東京校　非常勤講師

本文・表紙デザイン　　大下賢一郎
表紙画・挿絵　　　　　楊真悦
音声吹き込み　　　　　毛興華　王英輝

晴れ晴れ中国語

Ⓒ 2024 年 1 月 31 日　初 版 発 行

検印
省略

監修者　　　　　　　　　王学群
著者　　　　　　　　　　綾部武彦
　　　　　　　　　　　　小路口ゆみ
　　　　　　　　　　　　劉心苗

発行者　　　　　　　　　小川洋一郎
発行所　　　　　　株式会社　朝 日 出 版 社
〒 101-0065　東京都千代田区西神田 3－3－5
電話(03)3239-0271・72(直通)
振替口座　東京　00140-2-46008
https://www.asahipress.com/
倉敷印刷

ISBN978-4-255-45385-9 C1087

しっかり定着

聞ける、話せる 中国語

筒井紀美・王紅艶

朝日出版社

音声ダウンロード

 音声再生アプリ「リスニング・トレーナー」(無料)

朝日出版社開発のアプリ、「リスニング・トレーナー(リストレ)」を使えば、教科書の音声をスマホ、タブレットに簡単にダウンロードできます。どうぞご活用ください。

まずは「リストレ」アプリをダウンロード

▶ App Store はこちら　　　▶ Google Play はこちら

アプリ【リスニング・トレーナー】の使い方

❶ アプリを開き、「コンテンツを追加」をタップ

❷ QRコードをカメラで読み込む

❸ QRコードが読み取れない場合は、画面上部に 45386 を入力し「Done」をタップします

QRコードは㈱デンソーウェーブの登録商標です

Web ストリーミング音声

http://text.asahipress.com/free/ch/245386